ミニマル料理「和」

最小限の材料で最大のおいしさを手に入れる和食のニュースタンダード

稲田俊輔

柴田書店

前書き

「今日は和食が食べたいなあ」

日本人なら誰もが、そんな気分になる日があるはずです。なんなら毎日そうだよ、という人だって少なくないかもしれません。でも、そんな時の「和食」のイメージは、実はけっこう人それぞれだったりもします。真っ先にお刺身を思い浮かべる人もいるでしょうし、野菜の煮物や漬物を思い浮かべる人もいるでしょう。その味付けにも、地域差があり、家庭ごとの味があり、見た目からして千差万別です。外食における和食は家庭料理とは大きく異なることもしばしばですが、今はその外食の味がどんどん家庭内に入り込んできています。
昔の日本の農村における典型的な食事とはどういうものであったか、という話を聞いたことがあります。それは季節ごとに採れる野菜を味噌で煮たものをおかずに、大量の雑穀や米を食べる、というものでした。野菜を育てたことのある人はよくご存知でしょうが、野菜は採れる時には持てあますほど大量に採れます。それをまとめて煮て自家製の味噌だけで味付けし、なくなるまでは何日でもそれを食べ続けるのです。
そんな時代に戻りたいと思う人はあまりいないでしょう。僕だって勘弁してほしいです。しかしそこに、ほんのちょっぴり、ぼんやりとした灯し火のような憧れやロマンを感じる人もいるかもしれません。そんな人には特に、この本が向いているはずです。

実は本書は、最初から和食をテーマとしてつくりはじめたわけではありませんでした。2023年に上梓した、本書の前作となる『ミニマル料理』は、「最小限の材料で最大のおいしさを手に入れる」をテーマにしつつ、決してとっつきやすさやわかりやすさを意図したものではないという、自分で出しておいて言うのもなんですが「奇書」の類の本でした。ところがこれは意外なまでに評判が良く、僕は嬉々として第二弾の準備を始めたのです。
収録したい料理はいくらでもありました。なぜならミニマル料理というものは、僕の生活そのものだからです。僕はプロの料理人として、他のお店にはおいそれとは出せない料理をつくるために、いつだってさまざまな工夫を凝らします。しかしひとたび自宅に戻れば、その真逆と言っていい、あたりまえの料理をつくります。そんな時、材料は少ないにこしたことはないし、無駄な労力は可能な限り省きます。しかしおいしさだけは一切妥協しません。それがミニマル料理です。
少なくとも一冊には収録しきれない量の料理をリストアップし、さあどれを残すか、となったわけですが、よくよく見ると、リストの半数以上は和食でした。僕が普段いかに頻繁に「今日は和食が食べたいなあ」という気分になっているかという話でもありますね。ならばいっそ、今回は和食に絞った一冊にしても良いのではないか、と思うに至りました。それは単なる編集方針というわけではなく、あえて和をテーマにすることでミニマル料理の本質がより鮮明に浮き上がってくるのではないか、という考えがあったのです。

人類史において料理というものは、足し算によって発展してきました。火を使い始めた人類が、ある時、焼いた肉に塩をなすりつけた、たぶんそれが料理の第一歩です。その後、そこにスパイスやハーブ、蜂蜜やお酒や乳製品が加わったり、野菜や果物などさまざまな食材が組み合わされたり、そうやって料理はおいしくなっていったわけです。東アジアでは、発酵調味料がおいしさに大きく貢献することになりました。
和食だってもちろん例外ではありません。しかし、もし和食に特徴的な点があるとするならば、足し算の発展と並行して、常に引き算も意識され続けてきたことなのではないでしょうか。前作『ミニマル料理』には、和・洋・中の料理が特に区別されることなく混在しています。そこにおいて、僕がある種の執念めいた何かで要素を引き算し続けた原動力は、もしかしたらそんな日本人ならではのDNAのようなものから生まれたのかもしれないと、今となっては思います。
和食とは、足し算と引き算の綱引き合戦のようなものである。これは定義でも何でもありませんが、僕が感じる和食の最大の魅力であることは確かです。しかし現代日本において、今はどうも足し算の方が優勢なようにも感じています。そんな今だからこそ、引き算側に積極的に与する本があったっていいのではないか。そんな思いもありました。
やはり今回も奇書と言えば奇書なのかもしれませんが、同時にこれは、現代の和食のスタンダードにもなり得るのではないか、とも自負しています。なぜなら、おいしいからです。それはもちろん「僕にとってのおいしい」でしかないのですが、単にそれだけにとどまらないよう、すべての人が「自分にとってのおいしい」にたどり着くためのヒントを、至るところに徹底的にちりばめました。
「今日は和食が食べたいなあ」……そう思った日に、誰もが確実においしい和食にたどり着ける。そんなささやかだけど確かな幸せに少しでも貢献できれば、著者としてこれ以上の喜びはありません。

稲田俊輔

目次

本書を読む前に

計量はハカリで

本書では、大さじ・小さじなどの容量表記は用いません。野菜なども基本的に個数ではなく、重量で表記します。つまり、食材も調味料も、すべての分量がグラム表記になっているということです。

これは、レシピ通りにつくれば誰もが確実に同じ味を実現できるようにするため、つまり「再現性」を高めるためであると同時に、一度慣れさえすればこの方がずっと楽でスピーディーだからでもあります。鍋をハカリにのせてそこに材料を計りながら直接入れていけば、洗いものも最小限に抑えることができ、より効率よく計量を行うことが可能になります。

つくる量を増やしたり減らしたりする時も、グラム表記だと計算が簡単です。煮物や汁物などをつくることを考えると、最大2kgまで計れるハカリがおすすめです。

鍋中重量

煮物などのように煮汁を蒸発させながらつくる料理では、煮詰め加減、すなわち水分の蒸発量で仕上がりの味が大きく変わります。ですので本書ではそういった料理に関しては、「鍋中重量」を指定しているものがあります。

調理中に鍋中重量を確認するためには、使用する鍋の重さをあらかじめ空の状態で計ってメモしておくことが必要です。また、調理途中に調味料を加えることもあるため、熱い鍋をハカリにのせる時のためのコルクなどの鍋敷きも用意しておいてください。

鍋中重量は必ずしもぴったりに合わせる必要はありませんが、多すぎたらもうしばらく火にかけて水分を飛ばし、少なすぎれば水を足すといった調整を行うことで、より確実にレシピ通りの味に仕上げることができます。

使用する鍋

本書のレシピは１～２人前を基本としています。そのため、使用している主な鍋は、以下のものです。

・直径20cmのテフロンフライパン
・直径20cmの蓋付きのテフロン深鍋
・直径16cmの雪平鍋

和食の煮物は、煮汁をさっと沸かし、水分をほどよく飛ばしつつ手早く仕上げるのが基本。西洋の煮込み料理とは発想からちょっと違うので、厚手の密閉性が高い蓋付き鍋より、雪平鍋の方が向いています。軽いので、洗いものなどの取り回しも楽です。その他、炒め物にはテフロン加工（フッ素樹脂加工）のフライパン、煮込み時間が長いものや分量が多いものは蓋付きのテフロン深鍋を使用しています。もっとも、どんな鍋でもレシピの分量と手順さえ守れば、必ずちゃんとおいしくできるはずです。

倍量でつくる場合の食材や調味料は、単純にレシピの分量を倍にし、必要なら鍋をひとまわり大きいものにすれば大丈夫です。前項の「鍋中重量」を守れば、それによって味がブレることはありません。

調味料などについて

本書で使用する調味料は、濃口醤油、薄口醤油、みりん、酒（日本酒）、酢、塩、砂糖、といった極めてベーシックなもののみです。だし醤油や調味酢などでの代用は、仕上がりが大きく変わってしまうため推奨しません。酒の代わりに料理酒、みりんの代わりにみりん風調味料、といった置き換えは、大きく味が変わることはないものがほとんどではありますが、塩などが添加されていたり、アルコール分が含まれなかったりといった違いがあり、おいしさや再現性の面からできれば避けることをおすすめします。

ちなみに、僕が常用しているのは、濃口醤油はヤマサ、薄口醤油はヒガシマル、みりんはタカラ本みりん、米酢はミツカン純米酢、塩は精製塩、砂糖は上白糖もしくはきび砂糖と、オーソドックスなものばかりです。調味料について、詳しくは前作『ミニマル料理』をご参照ください。

ハカリがどうしても使用できない時のための、これら基本調味料の換算表を掲示しておきます。

濃口醤油	小さじ１	6g
薄口醤油	小さじ１	6g
みりん	小さじ１	6g
酒	小さじ１	5g
米酢	小さじ１	5g
塩（精製塩）	小さじ１	6g
砂糖（上白糖）	小さじ１	3g

なお、調味料に関連して、今回声を大にして言いたいのは、本書のレシピに関してはおろしショウガはチューブのものはおすすめしないということです。必ず生のショウガをすりおろしたものを使ってください。

和食の中心は結局いつだってお米です。この章には、一生食べ続けても飽きないお米料理と、それを完璧に自分好みにアレンジするためのヒントを詰め込みました。

第1章 米

心平粥

詩人・草野心平氏が考案し、多くの文豪に愛された「心平粥」。料理エッセイの名著、檀一雄『檀流クッキング』で草野氏ご本人直伝のレシピとして紹介されたそれを、きっちり数値化しました。ここではより精密な火加減で再現するために、IHコンロの出力ワット数も併記してあります。

〈草野心平オリジナルレシピ〉

◉材料

米　おちょこ一杯

ゴマ油　おちょこ一杯

水　おちょこ十五杯

◉つくり方

材料をすべて鍋に入れて火にかけ、二時間程度とろ火で煮る。

次ページからの本書のレシピは、この配合から、ゴマ油と水の割合を減らしました。オリジナル通りのゴマ油の量だと、少し風味が強すぎるためです。また当時の鍋は蓋の密閉性も低く、より多くの水分が蒸発する前提だったはずということで、水の量も現代の鍋でつくりやすい分量に調整しました。

シンプルすぎる材料と最小限の味付けですが、だからこその「滋味」を味わえます。下手に何かを加えると、このおいしさはいとも簡単に失われます。今の世の中に溢れる「おいしいもの」とは価値観の軸が異なる、ある種の異世界的なおいしさをお楽しみください。

仕上げに加える塩は、好みで増やしても減らしても。ただし、味見の段階では「少し足らないかな」というくらいにとどめておくのがおすすめです。何なら塩なしで仕上げて、食べる時にパラリとふっても。

心平粥（P.10）

材料（2人前）

米　75g

水　1000g

ゴマ油　50g

塩　4g（お好みで加減する）

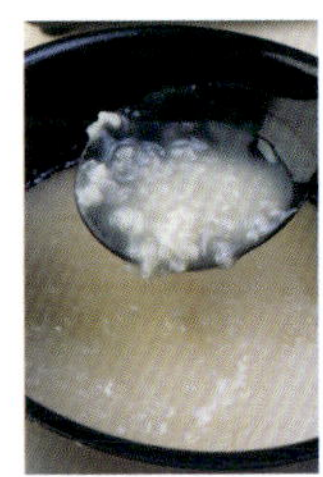

30分程度で米は完全にやわらかくなるのでその時点で完成としてもいいと言えばいいのですが、その後さらに煮込み続けることで多めのゴマ油が完全にお粥に溶け込み、このお粥ならではのおいしさに到達します。

①塩以外の材料をすべて鍋に入れて中火（IH1200W）にかける。

ポイント　米はとがなくてよい。時々混ぜながら加熱する。

②沸騰したら（目安は約10分）、蓋をして弱火（IH400W）にし、1時間15〜30分煮込む。

ポイント　ゆらゆらと沸騰する状態をキープし、時々蓋をとってかき混ぜる。

③米の形状がほぼなくなったら、鍋中重量を950g以上に調整し、塩を加える。

ポイント　950gより少なければ水を足し（調整）、多ければそれはそれで良しとする。

展開 ネオ心平粥

心平粥を起点に、言うなればその異世界的なおいしさを、この世界でも理解可能なもっとわかりやすいおいしさに「翻訳」したものがこちらです。米が完全に煮崩れなくても十分おいしいので、比較的短時間で仕上げることも可能です。主食と言うよりむしろ具沢山スープとしてどうぞ。お好みでポン酢を少したらしても。ダイエットにも最適ですが、爆速でお腹が空くので、その日は早く寝ること！

材料（2人前）
米 75g
鶏手羽中 200g（約4本）
さつまいも（乱切り） 150g
水 750g
ゴマ油 15g
ショウガ（スライス） 2枚
塩 6g

①材料をすべて鍋に入れ、中火（IH1200W）にかける（米はとがなくてよい）。たまに混ぜながら沸かす。
②沸騰したら蓋をし、弱火（IH400W）で30分煮込む。仕上がりの鍋中重量は1000〜1100g。

材料をすべて鍋に入れて火にかけるだけ。鶏の肉と骨、サツマイモの旨味が溶けだし、食べごたえも増して満足感の高い味わいに。

お好みでポン酢を加えるのもおすすめ。自家製のポン酢のつくり方はシリーズ1作目の『ミニマル料理』をご参照ください。

ミニマル天津飯

バランスの良いおいしい甘酢あんさえあれば、具は卵とネギだけで十分！という、思い切った天津飯です。天津飯はもちろんもともとは中華のメニューですが、要素を削ぎ落とすとアラ不思議、「和食として違和感のない料理」になります。

コツは卵の火の通し方。油をしっかり熱して卵を一気に炒めることで、あっという間にふわとろに仕上がります。片栗粉は計量して最初からあんの材料に混ぜておけば、わざわざ水溶きする必要もなく、常に安定したかたさに仕上がります。

ミニマル天津飯 (P.14)

材料（1人前）

A

　片栗粉　6g

　水　60g

　濃口醤油　15g

　砂糖　15g

　米酢　30g

B

　卵　2個

　青ネギ（小口切り）　10g

　塩　1g

サラダ油　20g

ご飯　適量

①小さめの鍋にAを入れてよく混ぜる。

②中火にかけ、混ぜながら沸かす。

ポイント　とろみがついたら火を止める。

③Bをよく混ぜておく。

④フライパンにサラダ油を熱々に熱し、❸を一気に加える。

ポイント

複数人分つくる際も、卵を焼くのは1人前ずつに。2回目以降はサラダ油の量を気持ち減らす。

⑤全体を大きく混ぜてふんわりと炒める。

⑥ご飯を器に盛って❺をのせ、❷をかける。

展開①

あっさり鶏そぼろ天津飯

酸っぱくない天津飯がお好みの方はこちらで。鶏挽き肉の旨味でだし要らずです。

材料（1人前）

A
- 鶏挽き肉　50g
- 酒　15g

B
- 片栗粉　6g
- 水　120g
- 薄口醤油　15g
- みりん　15g

青ネギ（小口切り）　8g

C
- 卵　2個
- 塩　1g

サラダ油　20g
ご飯　適量

①フライパンにAを入れて中火にかけ、混ぜながら炒って鶏挽き肉に火を通す。
②❶を火から下ろし、Bの材料を上から順に加え、よく混ぜる。中火にかけて混ぜながら沸かす。とろみがついたら火を止めて青ネギを加え混ぜる。
③Cをよく混ぜておく。
④フライパンにサラダ油を熱々に熱し、❸を「ミニマル天津飯」の❹～❺（P.17）と同様にして焼き、器に盛ったご飯にのせる。❷をかける。

展開②

限界天津飯（またの名を、食べたら炒飯）

天津飯に本当にあんは必須なのか？そんな素朴な疑問を突き詰めたら、なんだか妙においしい丼物になりました。この味はなんだかよく知っている……そう、炒飯です。卵のふわとろ感だけが重要なので、ミニマル天津飯で腕を磨いたら、自動的にこちらもおいしくつくれるようになります。

材料（1人前）

A
- 卵　2個
- チャーシュー（あれば・ひと口大に切る）　30g
- 青ネギ（小口切り）　10g
- 塩　1g

サラダ油　20g
ご飯　適量
濃口醤油　お好みで

①Aをよく混ぜ、「ミニマル天津飯」の❹～❺（P.17）と同様にして焼き、器に盛ったご飯にのせる。お好みで仕上げにさっと濃口醤油を回しかける。

展開③

玉（たま）

天津飯のアタマはカニ玉。しかし、ミニマル天津飯のアタマにはカニが入りません。なのでこれはカニ玉のカニ抜き、すなわち「玉」です。晩ごはんのおかずにもう一品欲しい！そんな時に3分でつくれます。もちろん、卵にカニを混ぜれば堂々とカニ玉を名乗れますし、それがカニカマでもカニ玉と押し切りましょう。その他何を入れたって構いません。だいたいなんでもおいしくなります。個人的なおすすめは、豚バラスライス。さっと炒めて卵に混ぜます。きのこ類やトマトなどもおすすめです。

材料（1人前）

A
- 片栗粉　6g
- 水　60g
- 濃口醤油　15g
- 砂糖　15g
- 米酢　30g

B
- 卵　2個
- 青ネギ（小口切り）　10g
- 塩　1g

サラダ油　20g

①Aをよく混ぜ、「ミニマル天津飯」の❶〜❺（P.16〜17）と同様にしてあんと卵焼きをつくり、器に卵焼きを盛ってあんをかける。

おまけ①

買ってきたから揚げの甘酢あんかけ

「ミニマル天津飯」の甘酢あん（P.16）をマスターしたら、応用は無限大。スーパーのお惣菜売り場で買ってきた（しなしなの）揚げ物にかけるだけで、なんだか立派な一品になります。何か野菜が余っていたら、あんをかける前にトッピングすればちょっと豪華に。薬味を添えればそれだけで気の利いた酒肴になります（写真ではさっとゆでた筍の水煮とサヤインゲンをのせ、さっと湯通ししたきざみ青ネギとおろしショウガを添えています）。

おまけ②

厚揚げの鶏そぼろあんかけ

「あっさり鶏そぼろ天津飯」（左ページ）のあんもまた、さまざまな料理に展開できます。まずはとても簡単なこちらからどうぞ。オーブントースターなどでこんがり焼いた厚揚げに、あんをかけるだけです。写真では長ネギの代わりに三つ葉を加え、上におろしショウガをのせました。このように薬味を料理の上にのせることを日本料理では「天盛り」と言います。それだけのことでぐっと料理屋さん風になるので、なんだか得した気分です。

家野家（うちのや）の牛丼

日本料理でアクの強い素材を煮物にする時の技術を応用してつくる牛丼です。煮汁の中で肉を少しずつ「しゃぶしゃぶ」して火を通し、その後、煮汁のアクをしっかり取ってから、肉を煮汁に戻します。こうすることで、肉の味を逃さず、つゆをキレのある澄んだ味わいに保つのです。

さらにここでは、味付けや煮加減を自分好みにアジャストするためのコツも説明します。本書では、醤油や塩といったしょっぱい調味料とみりんや砂糖といった甘い調味料の分量比である「みりん比」という概念を中盤で解説しています（P.92）。この概念を駆使することで、さまざまな料理を自分好みの味に調整できるようになります。ここでご紹介する3種の牛丼はその前フリでもあります。

稲田家の牛丼（P.20）

材料（2人前）

A

　濃口醤油　50g

　みりん　50g

　酒　100g

　水　200g

牛肉（スライス）　200g

玉ネギ（厚めのスライス）　100g

ご飯　適量

使う牛肉の部位は、なるべく薄い牛バラスライスがおすすめ。なければ、切り落としなどでなるべく脂身の多いものを選ぶと良い。

①Aを合わせて沸騰させる。

②牛肉を3〜4回に分けて❶の鍋でしゃぶしゃぶする。

ポイント

肉は3〜4回に分けて火を通すとアクが出にくくなる。

③そのつど、取り出して
ボウルなどに取る。

④しっかり沸かしてアクをすくい、
玉ネギを加えて2〜15分煮る。

ポイント 玉ネギは繊維に沿って厚めにスライスする。シャキシャキが好きならば煮る時間を短くし、くったりが好きなら長くする。写真は9分煮たもので、ほどよくやわらかい状態。

⑤❸のボウルにたまった
汁を鍋に戻す。

⑥肉を戻し入れて
ひと煮立ちさせる。

ポイント ひと煮立ちさせた後、火を止め、しばらくおいて味をなじませ、食べる直前に煮返してからご飯にのせると良い。

世界に一つだけの家野家（うちのや）牛丼！
ベストを目指す調整のメソッド

こってり牛丼のつゆ

材料（2人前）
濃口醤油　100g
みりん　50g
砂糖　30g
酒　100g
水　120g

ほどほどこってり牛丼のつゆ

材料（2人前）
濃口醤油　75g
みりん　50g
砂糖　15g
酒　100g
水　160g

既出の「稲田家の牛丼」(P.22〜23) のレシピは、甘さ控えめであっさりとした仕上がりです。醤油の味付けも上品に抑えています。これが私にとってはベストなバランスの牛丼なのですが、これをもっと濃くてパンチのある味付けに調整すると、左ページ左の「こってり牛丼のつゆ」となります。違うのはつゆの配合だけで、つくり方は基本形である「稲田家の牛丼」と同じですが、ここでは、玉ネギを5分煮込んだところで肉を戻し入れ、さらにそこからあえて10分、脂身がちりちりになるまで煮込み、より「こってり」に仕上げました。

基本形の「稲田家の牛丼」ではちょっと薄い、しかし「こってり牛丼」は濃すぎる、という場合は、みりんと酒の量はそのままに、濃口醤油、砂糖、水の分量を「稲田家の牛丼」と「こってり牛丼」の中間にすれば「ほどほどこってり牛丼」(左ページ右) になります。
個人的には、あくまで基本形が好みではありますが、「ほどほどこってり牛丼」の方がより多くの方に好まれやすいのではないかと思います。つくり方はこちらも基本形と同じですが、ここでは玉ネギの煮込み時間を２分にとどめ、シャキッとした食感を残しました。玉ネギの煮込み時間は基本形のレシピにあるようにお好みで調整してください。

以上の３つの牛丼の調味料と水の分量比をグラフ化したのが下の図です。このグラフを読み取ることで、味付けのバランスを失敗することなく、より細かく調整できるということになります。
さらに、それをベースに「砂糖だけ増やす」「醤油だけ増やす」などの微調整によって、より自分の好みにフィットした牛丼がつくれるというわけです。吉野家ならぬ、我が家ならではの牛丼、すなわち「家野家（うちのや）の牛丼」の完成です。

そして、牛丼においては味付けの他にもう一つ大事な点があります。それは「煮込み加減」です。

ここで紹介した牛丼のつくり方は、肉と玉ネギの煮込み加減を、それぞれ別個に調整できる点もポイント。基本形のレシピでは「玉ネギはほどよくやわらかく、肉にはさっと火を通すだけ」としていますが、玉ネギもサッと煮るだけにとどめてシャキシャキ感を残すことも可能ですし、肉を煮汁に戻した後にとろ火で長時間煮込み、ほろほろで味の染みまくった「夜明け間際の牛丼屋さん」風に仕上げることも可能。そしてそれを応用すれば、肉はほろほろ玉ネギはシャキシャキ、という、お店ではまず食べられない着地に持っていくことも可能です。
なお、好みは完全に人それぞれだと思いますが、個人的には肉の火入れは、「高いお肉なら短時間で、安いお肉は長時間で」という方針をおすすめします。

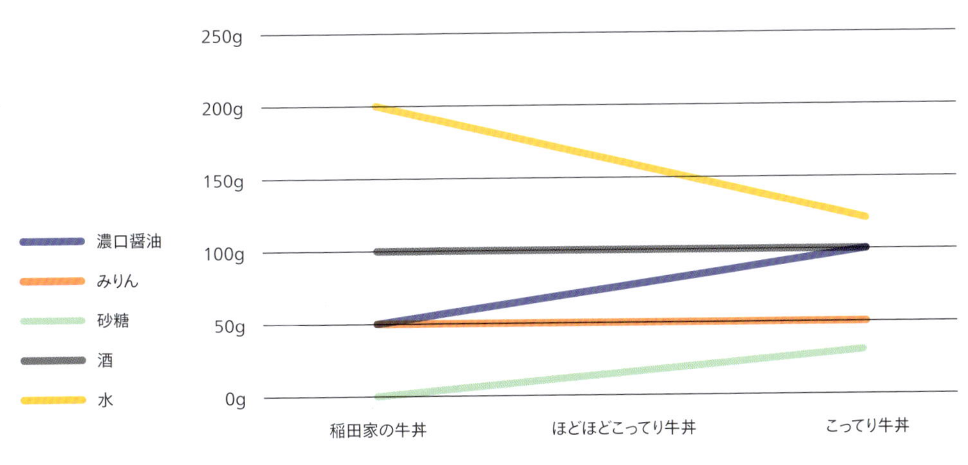

展開①

牛肉と三つ葉の柳川

具をあらかた食べ尽くしたら、おいしいつゆを再利用しましょう。分量は一応書いてありますが、適当でもどうやったっておいしくなりますので、あまりとらわれすぎないでください。ただし、三つ葉たっぷり、卵は多すぎないのがコツといえばコツです。

材料（1人前）
牛丼の残りの煮汁　80g
三つ葉（ざく切り）　20g
卵　1個

①牛丼の残りの煮汁（肉や玉ネギのカスが残った状態のもの）を煮立て、三つ葉を加えてさっと火を通す。
②溶いた卵を全体に流し入れ、ふんわりと固まるまで熱する。

展開②

とうめし

具を完全にさらったら、残った煮汁で豆腐を煮ましょう。どんぶり飯にダイナミックにのせれば「とうめし」です。つゆが煮詰まって濃くなっていてもあっさり薄くても、味がしみしみでもそうでもなくても、最終的につゆも適量ご飯にかけて調整すれば問題なし。お好みで七味や山椒をふってどうぞ。「こってり牛丼」（P.24）の煮汁を使うと、写真のようにつやつやテカテカの状態に仕上がります。それ以外を使用する場合は砂糖と醤油を足すと似たような仕上がりになりますが、これもまた味付けは適当でもどうやってもおいしくなりますので、こだわりすぎる必要もありません。偶然の成果を楽しみましょう。

材料
牛丼の残りの煮汁　適量
豆腐　適量
ご飯　適量

①豆腐はなるべくぴったりの大きさの鍋に入れ、ひたひたよりも多くなるくらいの量の煮汁を注ぐ。クッキングシートで落とし蓋をして、煮汁が半分くらいになるまで煮る。豆腐はどういうものでもいいが、かためめの絹ごしがおすすめ。
②ご飯を器に盛って、❶をのせる。

ミニマル親子丼

親子丼にだしが必要って、いつから思い込んでました？鶏肉は、旨味を放出する食材として最も優秀なもののひとつ。水で煮るだけでしっかりと味が決まります。

ここでは、甘じょっぱい味わいの関東風と、あっさりやさしい味わいの関西風、ちょっと変わり種ながらクセになる味わいの名古屋風の３種類の親子丼をご紹介します。

関東風あまから親子丼

甘じょっぱい味わいが魅力のベーシックな親子丼。なるべくつゆが残りすぎないように仕上げて「お箸で食べる」のがおいしさのコツです。ミニマルなのでネギも入りませんが、入れたい方は入れてください。長ネギがおすすめです。個人的に三つ葉は外せないと思っているのですが、それもまた自由です。

材料（1人前）

A

　鶏モモ肉（ひと口大に切る）
　　80g
　濃口醤油　20g
　みりん　20g
　砂糖　6g
　水　60g

卵　2個

三つ葉（ざく切り）　適量

ご飯　適量

①Aをフライパンに入れ、
中火にかける。

②鶏肉に火が通るまで
3分ほど煮る。

ポイント
卵を流し込んだらあまりさわらず、フライパンを軽くゆすって卵に火を通す。

③卵に三つ葉を加えてさっくり溶き、
フライパン全体に流し入れる。

④半熟手前あたりで
火を止める。

ポイント
ご飯を器に盛り、❹をのせて完成。

関西風あっさり親子丼

あっさり、かつ、つゆだくの、はんなりとした親子丼。鶏肉に少量の片栗粉をまぶす裏技で、鶏肉も卵もふんわりと仕上がりやすくなります。

材料（1人前）
A
　薄口醤油　15g
　みりん　15g
　水　120g
鶏モモ肉（ひと口大に切る）　80g
片栗粉　4g
卵　2個
青ネギ（斜め切り）　適量
ご飯　適量

①Aをフライパンに入れて沸かす。
②鶏肉に片栗粉をまぶし、❶のフライパンに加え、鶏肉に火が通るまで3分ほど煮る。
③卵に青ネギを加えてしっかり混ぜ、フライパン全体に流し入れる。その後はあまりさわらず、フライパンを軽くゆすりながら卵にふわっと火を通す。
④ご飯を器に盛り、❸をのせる。

名古屋風ふわとろ親子丼

老舗の鳥料理屋さんなどで見かける、ちょっと独特な親子丼。クラシックな調理法ですが、ふわとろの食感がどこか現代的でもあります。細かく切った鶏肉（名古屋では「切り込み」と呼ばれる）を使い、卵を入れたらしっかり撹拌しながら火を入れて、なめらかな状態に仕上げるのが特徴。火を通しすぎるとポソポソとしたそぼろ状になってしまうので、そこだけ気をつけてください。

材料（1人前）
鶏肉（1cm角か挽き肉）　80g
酒　30g
水　60g
薄口醤油　18g
みりん　18g
卵　2個
長ネギ（みじん切り）　20g
ご飯　適量
もみ海苔　お好みで

①フライパンに鶏肉と酒を入れ、鶏肉に火が通るまで混ぜながら中火で炒りつける。
②水、薄口醤油、みりんを加えて沸騰させる。
③卵に長ネギを加えてしっかり混ぜ、❷に一気に加える。
④ゴムベラなどで全体をしっかりかき混ぜながら、トロッとするまで火を通す。完全に火が通る手前で火から下ろし、余熱で仕上げるのがコツ。
⑤ご飯を器に盛り、❹をのせる。お好みでもみ海苔をトッピングする。

ミニマル奄美鶏飯(けいはん)

鶏飯と言えば、今ではシンガポール料理の「海南鶏飯」や、そのタイ版である「カオマンガイ」の方がすっかりメジャーになっていますが、ここでご紹介するのは奄美大島の郷土料理である「鶏飯」です。なぜこんなに簡単ですこぶるおいしい料理が全国の家庭に広まらないのか、昔から不思議でなりません。

ミニマル奄美鶏飯 (P.34)

材料（2人前）

A

　鶏ムネ肉　300g（約1枚）

　水　700g

　薄口醤油　8g

　塩　6g

薄焼き卵＊　卵1個分

三つ葉（ざく切り）　お好きなだけ

ご飯　お好きなだけ

＊卵に塩をひとつまみ加えて溶きほぐし、フライパンで薄く焼いて細切りにする。

①Aを鍋に入れ、中火にかける。

②沸騰したら、ざっとアクをすくう。

③1分たったら火を止め、
蓋をして30分放置する。

④肉は温かいうちに手でさき、皮は
冷蔵庫で冷やして細切りにする。

⑤スープは沸かしなおし、
アクが出たらすくう。

⑥ご飯に❹、薄焼き卵、三つ葉を
のせて、❺を注ぐ。

展開① フルスペック奄美鶏飯

もともとは贅沢なもてなし料理だった鶏飯は、鶏肉の他にもいろいろな具や薬味を取りそろえて別皿に盛るのがオーセンティックなスタイルです。ミニマル奄美鶏飯に加え、さらに下記の具材などをにぎやかに盛り込むと、おいしさも楽しさも格別です。

◎椎茸旨煮
つくるのは面倒なので買ってきてスライスする。

◎奈良漬け
本来はパパイヤの味噌漬けだが入手はまず不可能。奈良漬けで代用するのが一般的です。

◎薬味ネギ
万能ネギの小口切りがおすすめ。

◎みかんの皮のせん切り
地元では絶対に欠かせない。

◎その他
きざみ海苔、塩昆布、ワサビ、梅干し、柚子胡椒など、思いついたものをなんでもお好みで！

展開② 鶏飯の台抜き

麺料理などから主食部分を抜いたものを「台抜き」と言います。例えば、天ぷら蕎麦から蕎麦を抜いた台抜きが「天ぬき」です。鶏飯の具材をいろいろ取りそろえた時は、ぜひご飯なしの台抜きも楽しんでみてください。こういうスタイルは「椀盛り」とも言い、お酒をすすめるための肴として日本料理における花形でもあります。「汁物でお酒を飲む」というのは昨今やや廃(すた)れつつある文化ですが、やってみると存外良いものですよ！

材料
ミニマル奄美鶏飯
（またはフルスペック奄美鶏飯）の具材とスープ　各適量

①具材を器に盛り、スープを注ぐ。具材の種類や量はお好みで。

りゅうきゅう丼

「りゅうきゅう」とは、簡単に言うとお刺身のゴマショウガ醤油漬け。アジを使った大分のりゅうきゅうが有名ですが、九州の他地域や四国にも同様の食文化があり、使われる魚もさまざま。例えば福岡の郷土料理「ごまさば」もこのバリエーションと言えるでしょう。

ただし、料理名のイメージに反して沖縄ではこの種の料理はあまり見られないようで、名称の由来はおそらく、ゴマを使った料理によく名付けられる「利休」から来ているのではないかと思います。ゴマはできればすりたてのものを。「スリッキーN」（P.48参照）を使うと便利です。

つくり方はシンプルで、甘味を加えた醤油ベースのタレに魚を浸すだけ。漬け込む時間は魚種や厚さにもよりますが、5分もあれば十分です。調味料は結構多めですが、このくらいしっかりした味で、ご飯をモリモリ食べる前提の料理でもあります。しょっぱい味が苦手な方は、酒をみりんに置き換えたり、砂糖を足したりしても良いと思います。味付けの調整はP.92の「みりん比」も参考にしてください。

りゅうきゅう丼 （P.40）

材料（1人前）
お好みの刺身　75g（だいたい何でも合うが、特にブリやアジがおすすめ）
A
　濃口醤油　18g
　みりん　9g
　酒　9g
　白すりゴマ　6g
　おろしショウガ　3g
ご飯　お好きなだけ

①Aのみりんと酒を合わせて600Wの電子レンジに10〜20秒かける。

ポイント

酒呑みの諸氏はアルコール分を飛ばさず、そのまま使っても良いでしょう。

②❶とAのその他の材料を混ぜる。

ポイント

ゴマはすりたてを使うのがおすすめ。

③刺身を❷に5分ほど浸す。

ポイント

漬け込む時間はこれより長くても短くても良い。お好みで。

④ご飯に❸をのせる。

ポイント

残ったタレは小皿に入れて添え、お好みでかけながら食べる。卵黄、きざみネギ、きざみ海苔などをトッピングしても。

展開①

酒呑み専用りゅうきゅう

りゅうきゅう（タレに漬け込んだ刺身）を丼ではなくあくまで酒の肴にしたい！という困った方にはこちらがおすすめ。薬味を好きなだけ追加してください。薬味は青唐辛子や万能ネギ、ミョウガや大葉、カイワレ大根、大根おろしなどがおすすめです。青唐辛子がなければ一味唐辛子もいいものです。しかしこれもやはり、最後にご飯にのせると最高なのは困ったもんです。酒ばっかり呑んでないで、ちゃんとご飯も食べてください。

材料
りゅうきゅう（P.42〜43）　適量
お好みの薬味　お好きなだけ

①りゅうきゅうにお好みの薬味をたっぷりとかけ、混ぜて食べる。

展開②

りゅうきゅう茶漬け

りゅうきゅうを肴として楽しんだら、締めにはワサビや海苔を添えてお茶漬けにするのがおすすめです。お刺身やタレが旨味たっぷりなので、注ぐのはだしではなく熱湯で十分。むしろだしだとちょっとクドいかもしれません。もちろんお茶もオツなものです。ほうじ茶や番茶でも良いのですが、これには緑茶が一番合います。ただし、タレを甘めに調整した場合はお茶漬けにはあまり向かないことがあります。その時は素直に「りゅうきゅう丼」にして締めてください。

材料
りゅうきゅう（P.42〜43）　適量
ワサビ、海苔、大葉など　各適量
ご飯　適量
熱湯（またはお茶）　適量

①器にご飯を盛り、りゅうきゅうをのせる。ワサビや海苔などをのせ、熱湯を注ぐ。

展開③

宇和島鯛めし

宇和島鯛めしは、りゅうきゅう同様にタレに漬け込んだ刺身をご飯にかける漁師めしがルーツです。愛媛県宇和島市の特産品である鯛を使い、その味に合わせて、タレにはだしが加わり甘めに味付けされ、さらにそこに卵黄が加わります。もともとは無骨な漁師料理だったりゅうきゅうが、豪華で現代的なご馳走に進化したものとも言えるでしょう。僕はこれを「世界一おいしい卵かけご飯」と認識しています。ここではタレとして「江戸前風"30秒"蕎麦つゆ」(P.56) を使用していますが、より手軽につくるには、市販の麺つゆを使うのもアリです。

材料（1人前）
江戸前風"30秒"蕎麦つゆ（P.56）　1人前全量
A
　鯛の刺身　75g
　卵黄　1個
　わかめ（あれば）　適量（目安は10g）
　万能ネギ（小口切り）　適量（目安は10g）
　白炒りゴマ　適量（目安は2g）
ご飯　お好きなだけ

①器に蕎麦つゆを入れ、Aを盛り付ける。ご飯を添える。食べる時は、せっかく形よく盛ったのを台無しにするかの如くかき混ぜて、ご飯に勢いよくぶっかける。

展開④

卵白とおかかの味噌汁

宇和島鯛めしやりゅうきゅう丼で残った卵白は、味噌汁椀の中でよく溶きほぐして、そこに熱々の味噌汁を注ぐと、雲のようにふんわりと固まります。お刺身につまが付いていたら、それも具にしてしまいましょう。だしをとる代わりに、かつおぶしをだし兼具材として使います。

材料（1人前）
卵白　1個分
A
　味噌　適量（目安は15g）
　水　150g
　かつおぶし　3g
　刺身のつま（あれば）　適量

①お椀に卵白を入れて溶きほぐす。
②Aを鍋に入れ、味噌を溶かしながら煮立てる。沸騰したら❶のお椀に一気に注ぎ入れる。

ミニマル冷や汁

ここでご紹介するタイプの冷や汁は宮崎の郷土料理です。さっぱりヘルシーで、手軽なのにたいへんおいしい料理なので、もっと日本中に広まるべきだと昔から思っています。

実は凝り始めるとなかなか手間のかかる料理でもあるのですが、まずはこのミニマルバージョンで、そのおいしさを最短距離で知ってください。一人前だけパパッとつくるなら、このシンプルさと、ツナ缶のクセのなさが最適解です。味噌は九州の麦味噌を推奨しますが、なければ白味噌でも。

ミニマル冷や汁 (P.46)

材料（1〜2人前）
水　200g
麦味噌（九州産）　24g
ツナ缶（ノンオイル）　1缶（約70g）
きゅうり（スライス）　適量（目安は40g）
木綿豆腐　適量（目安は80g）
白炒りゴマ　4g
ご飯　適量

シンプルな料理だけに、すりたてのゴマの風味はとても重要。市販のすりゴマはできれば避けたいところです。最も気軽にすりたてのおいしさを得る道具として「スリッキーN」（角大産業）を強く推奨します。

ポイント　汁物としてそのまま楽しめる味加減。ご飯をモリモリ食べたい場合、味噌は種類にもよるが、最大1.5倍程度まで増やしても大丈夫。

①味噌漉しなどで水に味噌を溶く。

②味噌漉しに残ったものは捨てる。

③ツナ缶を汁ごと加え、
きゅうりも加えて、混ぜる。

④豆腐を手で崩しながら加え、
全体を軽く混ぜる。

⑤白ゴマをすり入れ、冷蔵庫で
しっかり冷やす。

ポイント
水を少し減らしてその分、氷を入れ、よりキンキンに冷やしても。

⑥器にご飯を盛り、❺をかける。

展開　もう少し手間をかけるミニマル冷や汁

ミニマル冷や汁にもうひと手間、ふた手間かけると、また少し違うおいしさになり、ご馳走感が増します。
冷や汁に手間をかける方向性としては、丸のままの鮮魚や干物のアジを焼いて小骨を取りつつ身をほぐすとか、それよりは多少骨を外しやすい塩鯖を使うとか、水ではなく煮干しのだしを使う、などなど様々なルートがあります。
僕の場合はひと通り試した結果、手間のかからなさだけでなく濃厚なおいしさという面でも、鯖水煮缶がベストという結論に至りました。缶詰でラクをする代わりに、ゴマを使う直前に炒ったり、味噌をいったん焼き味噌にしたり、と他の材料に手間をかけます。こうすれば、鯖水煮缶の唯一の欠点である微かな生ぐさみも、炒りたてのゴマと焼き味噌の香ばしさですっかりマスキングできるという利点もあります。
せっかくひと手間かけるので、鯖缶を1缶使い切ってたっぷりつくる分量にしました。ミルミキサーを使うことで、省力化しつつも、炒りゴマや焼き味噌のおいしさを存分に活用できます。すり鉢を愛用されている方はミキサーではなくそちらを使っても良いでしょう。

材料（3～4人前）
白炒りゴマ　10g
麦味噌（九州産）　60g
水　500g
鯖水煮缶　1缶（190g）
きゅうり（スライス）　1本（100g）
ミョウガ（スライス）　1本（20g）
木綿豆腐　1丁（200g）
ご飯　適量

①白ゴマをフライパンで軽く炒って冷まし、ミキサーなどですりゴマにする。
②麦味噌をテフロンフライパンに塗り、焦げ目がつくまで中火にかける。❶、水とともにミキサーなどで撹拌する。ミキサーがない場合には、白ゴマはごますり器（スリッキーN・P.48）ですり、味噌は味噌漉しで漉す。
③ボウルに鯖水煮缶を汁ごとほぐし入れる。❶、❷、ご飯以外のその他の材料を加え混ぜ（豆腐は手で崩し入れる）、冷蔵庫でしっかり冷やす。
④器に盛り、ご飯にかけて食べる。

ゴマは白炒りゴマを使い、する前にフライパンでさらに炒ることでより香ばしい仕上がりに。

麦味噌はテフロンフライパンに厚めに塗り広げ、写真右のように、フライパンに接した面においしそうな焦げ目がつくまで火にかける。しゃもじに味噌を塗って直火で炙るのが焼き味噌の本来のつくり方だが、テフロンフライパンが存在する現代においてそれを利用しない手はない。

ミニマル炊き込みご飯

炊き込みご飯。「何がなんでも今すぐに食べたい！」みたいな激情に駆られることはないけど、たまたま食べるとなんだかしみじみとおいしくて、もしかしたらコレ大好物なのかもなあとふと思ったりもする。多くの人にとってそんな存在なのではないでしょうか。

地味なイメージの割に結構手間がかかるという先入観もあるかもしれませんが、それをもっと気楽に、日常的につくろう、というのがここでの提案です。具材は１～３種類程度で十分すぎるくらいですし、わざわざだしをとる必要もありません。

炊き込みご飯がいいのは、一緒に用意するおかずを必ずしも「ご飯がすすむ味」にしなくても良いところだと思っています。となると献立の自由度がぐっと広がるのです。上品な薄味の和食を食卓に並べやすくなりますし、普通ならパンを合わせるような洋食との組み合わせも良いものです。個人的なおすすめは「クリームシチューと炊き込みご飯」のセットです。

ミニマルじゅーしー（P.52）

じゅーしーは豚肉を使う沖縄の炊き込みご飯。素朴ながらご馳走感のある味わいです。この料理にはかつおや豚のだし、干し椎茸の戻し汁などが使われることもありますが、まずはシンプルにこちらのつくり方からどうぞ。だしを使わずとも、生椎茸や豚肉、にんじんから十分に旨味が出ます。材料の豚肉を鶏肉に置き換えると、じゅーしーではなくなりますが、よりオーソドックスな和風の炊き込みご飯になります。献立によっては、そちらもぜひお試しを。

材料（2〜4人前）
米　300g（2合）
A
　薄口醤油　40g
　みりん　20g
　水　適量
豚バラ肉（細切り）　100g
にんじん（細切り）　50g
椎茸（細切り）　2枚（目安は30g）

①米をとぎ、炊飯器にAとともに入れ、目盛り通りになるように水を加え、よく混ぜる。豚肉、にんじん、椎茸をのせる。

②炊く。

ミニマルかやくご飯

多彩な具を細かくきざみ込んだかやくご飯（炊き込みご飯）も良いものですが、野菜１種類のミニマルなおいしさもまた捨てがたいもの。ここではにんじんを使いますが、他にも大根、筍、じゃがいもなどさまざまな野菜でつくれます。だしをわざわざ用意しなくても、煮干しを一緒に炊けば同じこと。煮干しは具として食べてしまってもいいですし、「だしガラ」と割り切って捨ててしまっても。写真では一本だけ、飾り（？）として残してみました。

材料（2〜4人前）
にんじん　100g
米　300g（2合）
A
　薄口醤油　36g
　みりん　18g
　水　適量
　煮干し　6g
油揚げ（きざむ）　適量（目安は30g）

①にんじんは太めの棒状にカットする。ただし、どうせ折れたりするので、切り方は雑で良い。また、よほど干からびていない限り、皮ごとで良い。
②米をとぎ、炊飯器にAとともに入れ、目盛り通りになるように水を加え、よく混ぜる。
③❶と油揚げをのせて炊く。

菜めし

炊いてあるご飯であっという間につくれるシンプルな混ぜご飯です。小松菜にしっかりめに塩を当てて水分を抜き、それをほんの短時間加熱することで、小松菜にもともと潜んでいたアブラナ科ならではの爽やかな辛味と香りが鮮やかに現れてきます。加熱でふわっと香りが立ったところで火から外し、すかさずご飯に混ぜ込むのがおいしさのコツ。少量のサラダ油によって隠し味的にコクが出ますが、おむすびにしたり、よりさっぱり仕上げたい時は、使わずに炒めても構いません。

材料
A
　小松菜（きざむ）　100g
　塩　3g
サラダ油（省略可）　5g
ご飯　1合分（約350g）

①Aをポリ袋に入れ、しっかりもむ。小松菜がしんなりしたら水気をよく絞る。
②フライパンにサラダ油を熱し、❶をさっと短時間のみ炒める。香りが立ったらすぐに火から下ろし、温かいご飯に混ぜる。

麺つゆエクスプレス

市販の麺つゆに頼ることなく蕎麦つゆをつくりましょう、という提案です。いや、別に頼ったってちっとも構わないわけですが、ここでご紹介する方法だと、なぜかより本格的な江戸前蕎麦の老舗みたいなつゆができてしまうのです。しかも火を使わず、材料さえ計量したら30秒で完成します。まさかそんなはずは……と思った方はぜひお試しください。つくり方は本当に簡単。材料をすべてミキサーに入れ、30秒攪拌するだけです。

基本の麺つゆエクスプレス
江戸前風"30秒"蕎麦つゆ

材料を合わせてミキサーで30秒攪拌するだけで、老舗のお蕎麦屋さんみたいなつゆが完成します。完成直後は濁っていますが、しばらくたつと蕎麦つゆらしい色合いになります。市販の麺つゆよりもかつおの香りが華やか、かつキリッとしょっぱめの仕上がりなので、お蕎麦を浸す時は「半分まで」がおすすめです。最後の蕎麦湯割りもとてもおいしく楽しめるはずです。

材料（1人前）
濃口醤油　30g
みりん　10g
砂糖　5g
水　75g
かつおぶし（かつおパック推奨）　3g

かつおぶしの粉が沈澱しますが、そのまま食べてもさほど気にならないはず。茶漉しなどで漉してしまうのももちろんアリですが、むしろ残しておいた方が、最後の蕎麦湯割りがよりおいしいです。

展開①

小生の“30秒”蕎麦つゆ

より贅沢な「通好み」の配合です。蕎麦マニアの方は、より辛口でだし味の濃いものを高評価する傾向がありますので、その層に向けて挑んでみました！砂糖をわずかに減らしているのですが、それだけでさらにぐっと辛口寄りになります。その分、かつおぶしを増やすことで、決してしょっぱいだけではない味わいになっているはずです。つくり方は「江戸前風“30秒”蕎麦つゆ」と同じ。ただし、かつおぶしがこの量になると、さすがに漉した方がいいでしょう。攪拌後10分以上おき、茶漉しなどで漉します。漉したかつおぶしはぎゅうぎゅう絞っても問題ありませんが、それでも量は結構減ります。高いお蕎麦屋さんではつゆをちょこっとしか出してくれないものですが、そういうものだと思って贅沢に楽しんでください。

材料（1人前）
濃口醤油　30g
みりん　10g
砂糖　3g
水　75g
かつおぶし（かつおパック推奨）　6g

展開②

昆布塩つゆ

かなり変わり種の蕎麦つゆです。要するに超濃厚な昆布だし（通常の3倍以上！）に塩だけで味をつけたもの。金沢のある料亭の味をコピーしました。秒単位の調理時間では完成しませんが、昆布を一晩水に浸しておくだけでつくれます。究極に通好みとも言えますが、日本人なら案外どなたにでも刺さる味かもしれません。「小生の“30秒”蕎麦つゆ」と両方を並べて交互に楽しむと、もうこれはお蕎麦屋さんを開業できるのでは？とすら思ってしまうかもしれませんが、退職金を注ぎ込むことだけはおすすめしません。

材料（2人前）
真昆布　25g
水　400g
塩　昆布だしに対して2%

①真昆布を水に浸して冷蔵庫に一晩おく（急いでいても火にかけるのは不可）。
②昆布を取り出して昆布だしを計量し、2%の塩（この分量だと目安は5g）を加え混ぜる。

展開③

みんなの“30秒”麺つゆ

マニアックな蕎麦つゆばかりでもなんなので、より一般的な味わいにも調整してみました。つくり方は基本形と同じく材料を30秒ミキサーにかけるだけ。水と砂糖を増やすことで、やや甘めでマイルドなバランスに着地させています。市販の麺つゆに近いバランスとも言えます。これなら蕎麦をどっぷりつけても大丈夫ですし、しょっぱくなりにくいのでぶっかけ系にもぴったりです。お子様用には、みりんを電子レンジで5秒程度煮切ってください。かつおぶしは倍量まで増やしてもOKですが、その場合は最後に漉した方が良いでしょう。写真は、ゆでて冷水でしめたうどんにこの麺つゆをぶっかけて揚げ玉やキュウリなどをのせた「冷やしたぬきうどん」。蕎麦以外の麺にも汎用的に使える麺つゆです。

材料（1人前）
濃口醤油　30g
みりん　10g
砂糖　7g
水　100g
かつおぶし（かつおパック推奨）　3g

魚・肉・野菜のおかずや酒肴の章です。シンプルな調理で素材の持ち味を最大限に引き出すのが、ミニマル料理の真骨頂であり、そして同時に和食の原点です。

第2章 菜

ミニマル小鉢

和食の献立において、小鉢は一見地味ですがなかなか重要な役割を担っています。外食の丼物や定食などでも、気の利いた小鉢が一品付くだけで、お膳の上はぐっと華やぎますよね。もちろんそれは、家庭料理でも全く同じ。第１章でご紹介したミニマルなご飯物も、ちょっとした小鉢を添えるだけで、なんだかワンランク上の素敵なものに見えてくるはず。

ここでは、個人的に「小鉢の王様」と考えている「酢の物」を中心に、つくりおきのきく副菜や、日常的な食材であっという間につくれる小さな一品をいくつかご紹介していきます。後からご紹介する肉や魚の主菜も、ぜひこういった小鉢と組み合わせて楽しんでみてください。味や食材のバランスで組み合わせを考えられるようになったら、たちまち和食上級者です。

もっとも最初は、主菜をつくる合間になんでもいいからできそうなものを一品つくってみる、という程度で十分です。それだけでごはんの時間がもっと楽しくなるのですから、こんないい話はないと思いませんか？

酢の物ルネッサンス

現代における小鉢の代表は、外食でも家庭でも、もしかしたら「ミニサラダ」なのかもしれません。確かにあれは簡単にすぐつくれて、何かと便利です。しかし本書では、あえてここで酢の物をフィーチャーします。言わばトラディショナルなノンオイルサラダとして、酢の物の復権を目指しているのです。まずはだまされたと思って「トマト土佐酢」(P.64)をつくってみてください。酢の物に苦手意識のある方でも、その底知れぬ魅力に、改めて気づいていただけるのではないでしょうか。

※分量はすべてつくりやすい量です。

土佐酢

だしをしっかり効かせて、そのまま飲めるくらいの味付けに調整した「土佐酢」は、プロの酢の物の基本。これでいつでも料理屋さんの味が楽しめます。だしの旨味があるので、淡白な素材には特に向いています。トマト、ブロッコリー、キャベツなども、先入観にとらわれずに合わせてみてください。

材料

A

　薄口醤油　20g

　みりん　40g

　米酢　40g

　水　100g

かつおぶし　4g

①Aを火にかけ、沸騰したらかつおぶしを加える。

②弱火で1分煮出して火を止め、粗熱がとれたら茶漉しなどで漉す。

三杯酢

最も基本的な合わせ酢です。本来は酢と醤油とみりんが同量ずつなのが名称の由来ですが、酢の物を「ご飯のおかず」にすることのなくなった現代では、醤油を減らして爽やかに仕上げるのが一般的です。土佐酢は、三杯酢をだしで薄めたものとも言えます。三杯酢は味の構成要素がシンプルなので、素材自体にしっかり旨味のある、タコや貝などの魚介類がよく合います。また、シャープな味なので、もやしやセロリなど水分の多い野菜で味が薄まっても、味がボケにくいというメリットもあります。

材料

薄口醤油　20g

みりん　40g

米酢　40g

①材料をすべて混ぜ合わせる。

[豆知識・三杯酢のみりん煮切るか煮切らないか]
三杯酢の場合、味の点だけで言うと特に煮切る必要はありません。これは、酢と合わせると特にアルコールの風味が気にならなくなるのと、素材に対してかける量がさほど多くないからです。それでも、みりんのアルコール分を飛ばしたい場合は、茶碗などに入れてラップはかけずに600Wの電子レンジで30秒を目安に加熱するとよいです。

からし酢味噌

市販の酢味噌は甘すぎる、と感じている方はこちらをお試しください。これこそが本来の酢味噌です。塩分が極端に少なく甘味とコクのある「西京味噌」でつくるのが基本ですが、その他の味噌で代用する場合のレシピもご紹介します。相性が良いのは個性の強い素材。イカやアサリ、マグロなどが定番ですが、忘れてはならないのはネギです。なんなら、「ぬた」はネギだけでもいいくらいです。少し目先を変えて、ニラも良いものです。

西京味噌でつくる場合の材料
西京味噌　60g
米酢　30g
練りからし　6g

西京味噌以外でつくる場合の材料
西京味噌以外の味噌　30g
みりん　30g
米酢　30g
練りからし　6g

①材料をすべて混ぜ合わせる

胡麻酢

胡麻酢は、ズバリ「純和風胡麻ドレッシング」と言えます。一般的な胡麻ドレッシングよりはすっきりとシャープなので、素材をよりストレートに引き立てます。海老や豚肉、鶏肉などの肉類、キャベツ、オクラ、ごぼうなどの野菜など、甘味や油脂のある素材と特に相性が良いですが、それこそドレッシング感覚で、あらゆる野菜に使えます。春雨やくずきりにもどうぞ。

材料
白炒りゴマ　30g
薄口醤油　30g
みりん　30g
砂糖　10g
米酢　60g
おろしニンニク　3g

①材料をすべてミキサーなどでなめらかになるまで20〜30秒撹拌する。

土佐酢の展開① トマト土佐酢

トマトを土佐酢に漬けて、さっぱりなのに旨味たっぷりな酢の物に仕立てました。酢の物の概念が変わると思います。きっと汁まで飲み干したくなることでしょう。トマトは湯むきしてもしなくてもいいですが、した方が味が早くなじみます。一晩おくと味がなじんで、トマトも漬け汁もよりおいしくなります。

材料（つくりやすい分量）
トマト（ひと口大に切る）　300g
土佐酢（P.62）　全量（約180g）

①トマトを土佐酢に30分以上浸す。

土佐酢の展開② トマト土佐酢のそうめん小鉢

トマト土佐酢の残りの漬け汁をそうめんで楽しみます。主食と言うよりは、小鉢や汁物替わりとしてどうぞ。ここではトマト土佐酢のトマトの残りときゅうりのせん切りをあしらいましたが、大葉やカイワレ大根もよく合います。

材料
トマト土佐酢（上記）の漬け汁　適量
そうめん　適量
薬味（きゅうりなど）　お好みで

①そうめんをゆでて水洗いする。
②器にトマト土佐酢の漬け汁を入れ、❶と薬味を盛る。

土佐酢の展開③ きゅうりとわかめの酢の物

せっかくのおいしい土佐酢なので、時には超ベタな「ザ・酢の物」もお試しください。新たな魅力を発見できるかもしれません。これこそルネッサンスです。

材料
きゅうり（スライス） 適量
塩 適量
わかめ* 適量
土佐酢（P.62） 適量
しらす干し 適量

*塩蔵わかめを塩抜きするか乾燥わかめを戻して使う。

①きゅうりは塩もみして絞る。わかめは食べやすく切る。
②器に❶を盛り、土佐酢をかけてしらす干しをあしらう。

［豆知識・塩もみのコツ］
きゅうりをスライスしたら、キリのいい（計算しやすい）重量まで水を加え、きゅうりと水を合わせた総重量の1%の塩を加えて混ぜ、しんなりするまでおいてから水気を切って絞ります（例：130gのきゅうりに70gの水を足して200gにして塩2gを加える）。食材に直接塩を当てて文字通りもんでも良いのですが、そうするとクシュクシュして少しお漬物っぽい感じにもなってしまいます。塩を溶かした水に浸すこのやり方だと、塩が薄くまんべんなく入るだけでなく、見た目も食感も素材感をしっかり残しつつ、水分だけを抜くことができるのです。そして、もむという作業が発生しないことは、実はとても楽だったりします。

三杯酢の展開① 酢もやし

シンプルこの上ない酢の物ですが、なぜか箸が止まらないおいしさ。常備菜的にも活用できるので、ラーメンのトッピングやお弁当にもどうぞ。すりゴマや黒コショウをふってゴマ油をたらすと、ナムル風にも楽しめます。

材料（つくりやすい分量）
もやし 1袋（200g）
三杯酢（P.62） 全量（100g）
白すりゴマ、黒コショウ、ゴマ油 お好みで

①もやしをさっとゆでて湯を切り、熱いうちに三杯酢をかける。数分おきに上下を返し、もやしがくったりと浸ったら完成。お好みで白すりゴマなどをふる。

三杯酢の展開② タコとセロリの酢の物

酢の物と言えば、やはりタコは欠かせません。ここではワインにもよく合う新感覚の酢の物を。オリーブオイルをひとたらしするのもオツなもんです。

材料
セロリ（スライス） 適量
ゆでダコ（食べやすい大きさに切る） 適量
三杯酢（P.62） 適量

①セロリは「豆知識・塩もみのコツ」（P.65）を参考にして塩もみしておく。
②ゆでダコを器に盛り、❶をたっぷりと添える。三杯酢をかけ、お好みでオリーブ油（分量外）をふる。

からし酢味噌の展開① イカと青葱のぬた

「ぬた」と言えば、なんと言っても「イカと葱」です。もっとも、ぬたという料理自体が現代ではあまりつくられなくなってきているので、むしろ新鮮な感覚があるかもしれませんね！時期によって手に入る時は、ホタルイカやわけぎも使ってみてください。これまた格別です。

材料（1人前）
ゆでイカ（P.77・小さめに切る） 30g
ゆでた青ネギ* 60g
からし酢味噌（P.63） 30g

*九条ネギなどの青ネギを食べやすく切り、さっとゆでてしっかりと水気を絞ったもの。

①ゆでイカとゆでた青ネギをからし酢味噌で和える。

からし酢味噌の展開②③ マグロのぬた2種

西日本の方は驚かれるかもしれませんが、東京を中心に関東ではマグロもぬたに使われます。これがまた（特に酒の肴に）最高なんです。東海地区ではぬたにも赤味噌（八丁味噌）が使われ、これもまた意外なおいしさ。実は東京も関東大震災前までは赤味噌が主流でしたので、昔のぬたはもしかしたらこういう感じに近かったのかもしれません。

材料
マグロの刺身　適量
ゆでたネギ（短冊切り）　マグロの同量〜倍量
からし酢味噌（P.63）　具材の1/3量

①ネギはさっとゆでてしっかりと水気を絞ったものを使用する。マグロとともにからし酢味噌で和える。西京味噌のからし酢味噌（写真下）ならば中トロと長ネギが、赤味噌に置き換えたからし酢味噌（写真上）ならば赤身と九条ネギがおすすめ。

胡麻酢の展開① 海老とレタスの胡麻酢和え

ゴマと特に相性の良い素材を使った、ご馳走感のある酢の物です。ここにさらに、レンコン、鶏ささみ、ニンジン、シメジなどを加えていくと、豪華な「冷やし鉢」にも進化します。

材料
海老　適量
レタス（食べやすく切る）　適量
胡麻酢（P.63）　適量

①海老はさっとゆでて冷まし、殻をむく。レタスもさっとゆでて水気をしっかりと絞る。
②器に❶を盛り、胡麻酢をかける。

小鉢ワンダーランド

和食における小鉢のバリエーションは、無限と言っていいほどです。切り干し大根やひじきの煮物、きんぴらごぼうあたりがその定番中の定番といったところでしょうか。そういったものはネットにも良いレシピがたくさんありますので、ここではあえて、あまり知られていないけど覚えておくとすぐに役立つ「新定番」をいくつかピックアップしてみました。何せ簡単なものばかりなので、時には常備菜も兼ねて色々つくって、ずらりと食卓に並べてみるのも楽しいものです（特に酒呑みには！）。

納豆のなめろう

納豆を醤油ではなく味噌で味付けするのはお寿司屋さんのテクニック。ここではそこに、これでもかとたっぷりの薬味を加えて「なめろう」風に仕上げます。こうなれば納豆も立派な一品料理。酒肴としても最高です。お好みで焼き海苔を添え、巻いて食べてもよいものです。

材料（1人前）
ひきわり納豆　1パック（40g）
お好みの味噌　10g
薬味（白ネギを中心に、ミョウガ、ショウガ、大葉など）　計40g

①納豆と味噌をよく混ぜ、きざんだ薬味を加えてさらに混ぜる。

自家製なめ茸

えのき茸は旨味が濃いので、シンプルな調味料でもしっかりした味に仕上がります。そのままご飯のお供にも良し、おろし酢（P.76）と合わせれば気の利いた酒肴に。常備菜としてもおすすめです。

材料（つくりやすい分量）
えのき茸（長さ2cmに切る）　1パック（150g）
濃口醤油　30g
砂糖　15g
酒　30g

①材料をすべて鍋に入れ、混ぜながら中火にかける。鍋中重量が約170〜180gになるまで煮詰めたら完成。

味噌やっこ

八丁味噌の甘味噌ダレをつくりおきしておくと、さまざまなメニューに使えます。こちらは市販のものより甘さ控えめな配合です。ちょっと意外かもしれませんが、ここではこの味噌だれで冷奴を。どこか和菓子のようでもある、上品で不思議な豆腐の食べ方です。

材料
八丁味噌ダレ（つくりやすい分量）
　八丁味噌　90g
　砂糖　60g
　酒　60g
　水　30g
木綿豆腐　適量
粉山椒　少量

①八丁味噌ダレをつくる。八丁味噌以外の材料を鍋で沸かし、アルコール分を軽く飛ばしつつ砂糖を溶かす。
②八丁味噌を加え、泡立て器で混ぜる。混ざったら火から下ろし、冷めたら瓶などに移して保存する。
③豆腐を器に盛り、八丁味噌ダレをかけて粉山椒をふる。

［展開］八丁味噌ダレは、とんかつや串かつにかければ味噌かつに、ゆでたコンニャクや油焼きしたナスにかければ田楽です。甜麺醤がわりに、回鍋肉や麻婆豆腐などの中華料理や各種味噌炒めに使っても良いです。

白菜煮

白菜はそれだけで旨味も甘味も十分な野菜。なので味付けは薄口醤油だけでも立派な煮物になります。ほんのりゴマ油が隠し味。

材料（つくりやすい分量）
白菜（食べやすく切る）　300g
水　50g
薄口醤油　12g
ゴマ油　3g

①材料をすべて鍋に入れて中火にかけ、沸騰したら蓋をする。弱火で15～20分、白菜がくたくたになるまで煮る。仕上がりの鍋中重量目安は300g。

なすの田舎煮

だしの代わりに煮干しを一緒に煮ます。煮干しは取り出して捨てても一緒に食べてもお好みで。

材料（つくりやすい分量）
なす（乱切り） 300g
煮干し 10g
濃口醤油 20g
みりん 20g
サラダ油 30g
水 150g

①材料をすべて鍋に入れて中火にかけ、沸騰したら蓋をして弱火で煮る。
②なすがしんなりしたら蓋を取り、さらに煮て水分を飛ばす。鍋中重量が330g程度になったら完成。

ニラ玉焼き

卵は「ちょっとした焼き物」が欲しい時の強い味方。煮物がメインの時は、こういうものが小鉢として少しあると嬉しいものです。ニラ以外にもにんじん、ネギ、大根など、だいたいの野菜で応用できます。

材料（2人前）
A
　卵 2個
　ニラ（約5mmに切る） 50g
　薄口醤油 9g
　ゴマ油 4g
サラダ油 8g

①Aを混ぜ合わせ、サラダ油を引いたフライパンに薄く広げ、両面を焼く。

一汁三菜のすゝめ

「一汁三菜」が和食の献立の基本である、というのは、日本人なら誰もが知るところでしょう。しかしそれは自分たちの普段の生活とはあまり縁のない、古くさいしきたりと捉えている人もまた多いのではないでしょうか。「一汁三菜の献立を毎日ととのえるのが主婦のたしなみである」なんていかにも昭和の抑圧的な良妻賢母思想であり、令和の今、我々はそこからアップデートせねばならないと考える人も多いでしょう。

しかし僕は、そんな今だからこそ、あえてこの一汁三菜というスタイルの素晴らしさを再提案したいと思っています。その素晴らしさの一番のポイントは、「一汁三菜のセオリーにそって料理をつくれば、あまり何も考えなくても素敵な献立が完成する」という点につきます。

一汁三菜の基本スタイルは文字通り、料理３品と汁物ということになります。そしてその料理３品の内容にも、一応決まりみたいなものがあります。向付・煮物・焼き物、というのがその基本構成。向付という言葉はあまり耳なじみがないかもしれません。向付の代表は「お刺身」ですが、これはあくまで料理屋さんの話であり、お浸しでも冷奴でもサラダでも、どんなおかずであっても別に構わないのです。

定食屋さんの「鯖塩焼き定食」をちょっと思い浮かべてみてください。塩サバ、つまり焼き物とご飯と味噌汁のほかに、小鉢とミニサラダが付いてきます。小鉢は切り干し大根やひじきの煮物とかですかね。実はこれ、完全に「一汁三菜」のフォーマットに当てはまるんです。一汁三菜のしきたりに従って組んだ内容と言うよりは、決して特別ではない食材を組み合わせてなるべく安く、でも幸せな内容を考えたら、自然とそこに行き着いたということだと思います。一汁三菜はアップデートすべき単なる古いしきたりなんかではなく、日本人が食を通じてささやかな幸せを手にれるための、普遍的なノウハウなのです。

「向付・煮物・焼き物」、が基本構成とは書きましたが、そこからの逸脱ももちろんアリです。焼き物が揚げ物に替わるパターンは多そうですね。スーパーのお惣菜コーナーで、から揚げとポテサラときんぴらごぼうを買ってきて、ご飯と味噌汁だけ用意したら、それは完璧な一汁三菜。つまり、なんとなーく一汁三菜のセオリーを意識してその日のご飯を組み立てれば自動的に幸せが訪れる、とでも考えておけばいいのではないでしょうか。

『ミニマル料理』シリーズは、決して「時短・簡単」を目的にしたものではないのですが、コンセプト上、結果的にだいたいそうなっています。「その日のおかずを一品つくるだけでもタイヘンなのに一汁三菜を用意するなんて……！」と思う人もいるかもしれませんが、ひとつひとつがミニマルであれば、それは案外あっけないものです。

◎本書を活用した一汁三菜の一例①
汁［椀物］あられ豆腐椀（P.117）
菜［向付］トマト土佐酢（P.64）
菜［煮物］自家製なめたけ（P.68）
菜［焼き物］醤油焼きとり（P.82）

焼きとりとなめたけの味が比較的強めなので、汁はあっさりとしたお吸い物に。そしてさっぱりした酢の物を組み合わせます。酸っぱいものが一品あると献立がぐっと締まるので、酢の物は一汁三菜で大活躍するはずです。

◎本書を活用した一汁三菜の一例②
汁［鍋物］三品鍋・鶏と春菊の昆布鍋（P.127）
菜［向付］納豆のなめろう（P.68）
菜［煮物］自家製なめ茸（P.68）
菜［焼き物］ニラ玉焼き（P.70）

三品鍋は汁物とメインを兼ねるので、あとは小鉢をプラスしたら完璧な献立になります。この三品鍋はご飯のおかずにはなりにくいので、向付と煮物はご飯がすすむ二大巨頭を。鍋をポン酢で食べるので、酢の物はなしの構成です。そしてニラ玉焼きで油っ気をプラス。

◎丼物の日は一汁一菜で
飯［丼物］親子丼（P.28）
汁［椀替］白菜煮（P.69）
菜［向付］酢もやし（P.65）

メインが丼ならば、小鉢ひとつでも十分完成された献立になります。薄味で旨味の溶けだした汁ごと楽しみたい白菜煮は汁物替わり（椀替）、甘めの丼物には、さっぱりとした酢の物が相性良し。

第三の選択肢「ゆで魚」

焼き魚、煮魚に続く第三の選択肢、ゆで魚。
単に簡単なだけでなく、一周回って現代的なおいしさです

金沢のゆで魚

かつて金沢の郷土料理についていろいろ調べていた時に、たまたま本で見かけたのが「ゆで魚」です。最初は、何というかそのちょっととぼけたような字面に笑ってしまいました。しかしよく考えてみると、煮魚や焼き魚があるのだから、ゆで魚があっても何もおかしくありません。さらに本を読むと、それは要するにイワシを中心とする売りものにならないような雑魚(ざこ)をまとめて塩ゆでにして、朝晩のおかずにしていた、すなわち漁村の日常食であるようでした。
金沢には海産物を中心に、幾多の有名なご当地グルメがあります。しかし最も僕が興味を惹かれたのはこの「ゆで魚」と、もうひとつは「てんば煮」でした。てんば煮とは、塩漬けにして保存した青菜を、塩抜きしてつくる煮物です。ゆで魚が漁村の日常食なら、てんば煮は農村の日常食といったところでしょう。

その後、実際に金沢に行き、現地で金沢料理のリサーチを行いました。ところが、誰も「ゆで魚」なんて料理は知らないのです。こうこうこういう料理で、と説明するとようやく一人だけ、「言われてみると、昔おばあちゃんがそういうものをつくっていた気がする」という人が現れました。もちろん漁村出身の方でした。
それ以外では、古い新聞記事でお寿司屋さんの大将がこれを紹介しているのを発見しました。今の人は見向きもしないが我々にとっては懐かしいおいしさである、というようなことが書かれていました。もっともその店でも、メニューとして出しているわけではなく、気が向いたらつくって年配の常連さんにサービスとして出していただけのようでした。
結局、ゆで魚を出している店は見つからず、僕は市場で小イワシを買い、友人の家でそれをつくってみました。まず痛感したのは、その簡単さ、というより圧倒的な気軽さです。刺身のようにきれいにさばく必要もなく、頭を落としてワタを取るだけ。煮魚のように味加減や火加減に気を使うこともないし、焼き魚のように煙が出たりもしないし調理器具も汚れない。

もちろん問題は味ですが、これもまた申し分ないものでした。特にゆでたてほかほかの状態をつまみ食いし始めると、次から次へと手が伸びて止まらなくなるほどでした。理屈で考えるとイワシの旨味はゆで汁に溶け出てしまっていそうなものですが、実際食べるとそういった味の薄まりや水っぽさを感じることはなく、むしろゆでることでイワシ特有のクセが少し抜け、上品な味に感じられました。「鰯も七度洗えば鯛の味」という古い諺(ことわざ)が思い出されます。それでいて脂はしっとりと身の中に残っていました。
そして何より「塩だけの味」というのが、かえって新鮮で、食べ続けても飽きない味わい。昨今、特に外食では、醤油やタレで味付けするよりむしろ塩のみで食べさせることが喜ばれがちです。その感覚にもフィットする調理法なのではないかと思いました。お寿司屋さんの大将は「若い人は見向きもしない」と言いましたが、その新聞記事の時代からさらに時は流れ、これはむしろ現代的な味たりえているのではないかと思ったのです。実際この料理は、その後、我が家の定番になりました。焼き魚や煮魚より遥かに登場頻度は高いです。

現代的と感じた理由はもうひとつ。「これってイタリアンにもぴったりじゃん！」という発見です。なにせ味付けは塩だけですから、ここから和食に限らずさまざまに展開が可能です。サラダ、ブルスケッタ、パスタ、などなど、今度は日本海ではなくシチリアの風が吹いてきそうです。ゆで魚をまとめてつくって冷蔵庫に保管しておけば、生と違って日持ちもします。手で中骨と尾さえ外してしまえばすぐにさまざまな料理に使えます。
なので僕はゆで魚をつくる時はいつも、イワシを多めに買ってきます。ところが残念なことに、それはゆでたてをむしゃむしゃ食べているうちにほとんどなくなってしまうのです。大量に余りそうならオイルサーディンにする手もあるな、と以前から思っているのですが、そんな日はいつになってもやって来そうにありません。

今のスーパーのお魚は優秀

ゆで魚という料理は極めてシンプルなだけに、素材の良し悪しがダイレクトに仕上がりに影響します。金沢で朝獲れたてのイワシを午前中のうちにゆでてすぐ食べたものは、確かに抜群のおいしさでした。しかし、今普通にスーパーで買ってくる（しかも親切に頭とワタが取ってある）イワシだって、それはそれで十分新鮮でおいしいと感じます。

魚料理のレシピを見るとよく「くさみを取るために〜」みたいな記述が出てきますが、その中には、どうしても必要というわけではないものも結構ありそうだなと感じます。もしかしたら、かつて一般に流通する魚の鮮度が今ほど良くなかった時代の常識がそのまま持ち越されてしまっている部分も大きいのではないかと思っています。

もちろん、例えば煮魚をショウガ風味にしたければ、くさみ消し云々に関係なくショウガを入れればいい。でも僕の和食の師匠は、煮魚には絶対にショウガを入れませんでした。「そんなことをしたら"家庭料理"になってしまう」と言うのです。「ショウガを使わずおいしく煮るのがプロだ」と。確かに日本料理店が仕入れる魚の品質は、型も良くてスーパーの魚より上であることが多いのは確かです。しかし、鮮度そのもの、つまりくさみに関しては、スーパーも決して負けていません。良い時代になったと思います。

基本のゆで魚 小イワシ (P.73)

頭とワタを取り除いたイワシを、海水程度の塩水（塩分3%）でゆでるだけ。「巨大化した釜揚げしらす」と解釈しても良いかもしれません。

材料（つくりやすい分量）
小イワシ（さばいたもの）　100g
水　300g
塩　9g

［食べ方］

・そのままで
塩味が付いているので、そのままでもおいしく食べられます。特にゆでたてほかほかはたまらないおいしさですので、少なくともつくった人は必ずつまみ食いをしてください（特権）。

・酢ショウガで
P.73の写真では米酢とおろしショウガを添えています。さっぱりとしたおいしさが、イワシの濃い旨味を引き立てて、さらに上品な味わいに。酒肴としてもたまりません。

・ショウガ醤油で
ご飯のおかずにするならこれ。大根おろしを添えてもいいですね。

・七味マヨネーズで
ズルいおいしさ。ビールにもピッタリです。

ポイント　ウロコが残っている場合は包丁でこそげる。

①頭を落とす。

②腹を切り、手でワタを抜く。

③さっと水洗いする。

④フライパンに水と塩を入れて沸騰させる。

ポイント　水の量は鍋のサイズに合わせ、イワシがなるべく浸るように調整する。水を増やした場合は塩分濃度が3％になるよう塩を足す。

⑤いったん火を止めてイワシを静かに入れ、中火～弱火でコトコトと5分ゆでる。

⑥火を止めてそのまま5分おく。

ポイント　ゆでたてを熱いうちに食べるのがおすすめ。

展開①

大羽イワシのゆで魚

大きめのイワシでつくると、もはや堂々たるメインディッシュ。脂のおいしさもより堪能できます。また、ゆでたものを手でさいて中骨と尾を外すとさまざまな料理に展開できます。ここでは小料理屋さん風の2品（「イワシのおろし酢和え」右記、「イワシのたっぷり薬味ポン酢」右ページ）をご紹介しますが、実はサラダやパスタなどにも活躍します。冷蔵で4日程度は日持ちするので、多めにつくっていろいろ工夫してみて下さい。こういった展開は、もちろん小イワシでも（少々面倒ではありますが）もちろん可能です。手に入りやすい方でどうぞ。

材料（つくりやすい分量）
大羽イワシ（さばいたもの）　100g
水　300g
塩　9g

①つくり方は「基本のゆで魚 小イワシ」（P.74～75）と同様だが、身が大きすぎて水面から出てしまう場合は時々上からお湯をかけながらゆでる。グラグラ沸かさないように気をつければ、皮がはがれないきれいな状態に仕上がる。

展開②

イワシのおろし酢和え

それ自体がつまみになる「おろし酢」をたっぷりのせて。イワシの腹に明太子を詰めた「イワシ明太」の訳のわからないおいしさへのオマージュで、明太子をトッピングして遊んでみました。もちろん省略可ですが、このおろし酢と明太子、たらこ、いくらなどの魚卵との相性は、知っておいて損はありません。

材料
大羽イワシのゆで魚（左記）　適量
おろし酢*　適量
明太子　お好みで
万能ネギ（小口切り）　お好みで

*水気を軽く切った大根おろし、米酢、薄口醤油を10：2：1の割合で合わせたもの。

①大羽イワシのゆで魚は手でさいて中骨と尾を外して器に盛る。おろし酢をのせ、お好みで明太子と万能ネギをあしらう。

展開③

イワシのたっぷり薬味ポン酢

この「薬味ミックスとポン酢」の組み合わせはカツオのたたきのイメージですが、他の魚や肉でもさまざまに応用できます。油で焼いたナスでもお試しください。

材料
大羽イワシのゆで魚（左ページ） 適量
お好みの薬味（カイワレ大根、ミョウガ、大葉、玉ネギスライスなど） 適量
ポン酢 適量

①大羽イワシのゆで魚は手でさいて中骨と尾を外して器に盛る。薬味をたっぷりとのせ、ポン酢をかける。

展開④

ゆでイカ

刺身用のイカにさっと瞬間的に火を入れたものは、甘味と香りが増して、お刺身以上のおいしさです（断言）。加熱用を使うとしても、ゆで時間は最小限に。

材料（つくりやすい分量）
ヤリイカ（刺身用・さばいたもの） 100g
水 300g
塩 9g

①イカはさばいて身とエンペラとゲソに分け、身の部分の皮はむく。それぞれ食べやすい大きさに切る。
②鍋に水と塩を入れて沸騰させる。❶を3秒ゆでて引き上げる。ゆでたてほかほかが抜群なので、つくる人は必ずつまみ食いをすること。

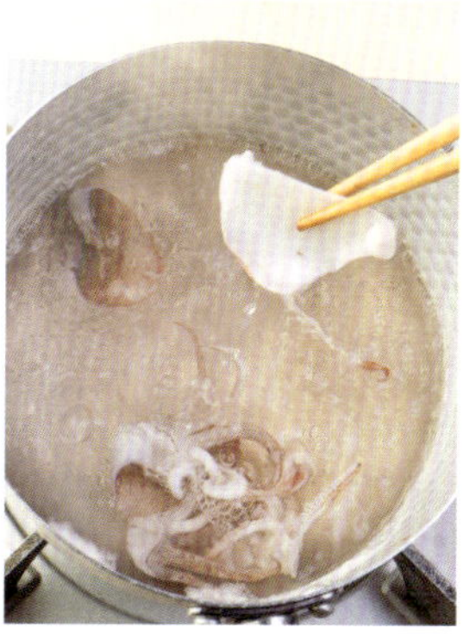

［食べ方］

・塩とレモンで
最高のおいしさです。

・ショウガ醤油で
これまた最高のおいしさです。

・七味醤油マヨネーズで
間違いなくおいしいものの、せっかくのミニマルさを感じにくくのが若干もったいないといえばもったいないので、ゲソとエンペラだけをこの食べ方で。

展開⑤

穴子のゆで魚

ハモのように、塩を入れない熱湯でさっと湯引きします。もしかしたらハモより濃厚な味わいでおいしいと感じるかもしれません。水にさらしたりはせず自然に冷ますか、もしくは温かいまま召し上がってください。穴子のサイズにもよりますが、身の厚い部分（上半身）にだけハモの骨切りのように包丁で細かく切り込みを入れるとより食べやすくなります。これは必須ではありませんが、包丁技術に自信のある方は、（板前気分が味わえて）楽しいので気が向いたら挑戦してみてください。ここでは塩もみきゅうり、梅肉ダレやワサビを添えました。ポン酢やワサビ醤油もおすすめです。

材料（2人前）
穴子（開いたもの） 1尾
水 適量
薬味（塩もみきゅうり、梅肉ダレ*、ワサビなど） 適量

*梅干しを叩き、水と濃口醤油各少量でのばしたもの。

①鍋に湯を沸かし、食べやすい大きさに切った穴子を入れる。身が白くなり、中まで火が通ったら引き上げて水気を切り、器に盛る。

展開⑥

サーモンのポシェ

昭和30年頃、祖父母の家には村で初めてマヨネーズがもたらされました。どうやって食べたらいいのかさっぱりわからないまま、祖母が発明したのは、近くの川で獲れるマスなどの川魚をゆでてマヨネーズをかける料理でした。まさかそれとほぼ同じものがクラシックフレンチの定番「マスのポシェ」であるとも知らぬまま……。

材料（2人前）
サーモン切り身 200g（約2枚）
水 200g
塩 3g
香味野菜（玉ネギ、にんじん、セロリ、レモンスライスなど）
あるものを適量
A
マヨネーズ 40g
プレーンヨーグルト 20g
お好みのハーブ（ディル、パセリ、万能ネギ、大葉など） 適量

①サーモンが重ならずちょうど入るくらいの大きさの鍋（またはフライパン）に水、塩、香味野菜を入れて沸騰させる。
②火を止めてサーモンを静かに入れる。中〜弱火で、なるべく沸騰させないように10分ゆで、火を止めてそのまま5分おく。冷製にする場合はゆで汁ごと冷蔵庫で冷やす。
③サーモンを器に盛り、Aを混ぜ合わせたマヨネーズソースをたっぷりかけ、ハーブをのせる（おすすめはディル）。

展開⑦

鯛のマース煮

ここまでの「ゆで魚」は、ゆで汁は捨てる前提でしたが、これはだしの出た汁ごと楽しむ料理です。鯛やスズキ、あるいはメバルなど、淡白な白身魚がおすすめです。「マース煮」は沖縄の料理で、本来は泡盛を用いますが、ここではあえて日本酒で。家にあるもので、ということでもありますが、個人的にはむしろこちらの方がおいしいと思います。歴史的に沖縄で日本酒の醸造が可能だったとしたら、もしかしたら沖縄の人もそうしたかもしれません。

材料（2人前）
鯛（切り身）　160g（約2枚）
A
　水　160g
　酒　40g
　塩　2g
　ショウガ（スライス）　1枚
あおさ海苔　2g

①鯛が重ならずちょうど入るくらいの大きさの鍋（またはフライパン）にAを入れて沸騰させる。
②火を止めて鯛を静かに入れ、中～弱火でコトコトと10分煮る。
③鯛を器に盛り、煮汁にあおさ海苔を加える。あおさ海苔が戻ったら、煮汁を鯛に回しかける。

展開⑧

タラとアサリのトマト松前蒸し

昆布を敷いた鍋で白身魚を蒸し煮にする伝統的な日本料理「松前蒸し」に、トマトとアサリを加えたら、味わいも見た目もぐっと華やかな一品に。だいたいアクアパッツァですね。

材料（2人前）
タラ（切り身）　160g（約2枚）
アサリ（砂抜きしたもの）　160g
トマト（ひと口大に切る）　80g
A
　水　160g
　酒　40g
　昆布　6g（約10cm）
　塩　1g

①Aを鍋（またはフライパン）に入れて20分以上おく。
②タラ、アサリ、トマトを加え、蓋をして中火にかける。アサリの殻が開き、タラに火が通ったら完成。
③器に盛り、お好みで三つ葉をのせ、ポン酢を添える。

醤油チキン

鶏肉は「完璧な食材」です。さっとゆでただけでゆで汁は極上のスープになりますし、軽く塩コショウして焼いただけでもご馳走です。（詳しくは前作『ミニマル料理』をご参照ください）。

そんな鶏肉を和食の文脈で活用するなら、調味料はもはや醤油だけで必要充分なのではないか、というのがここでの提案です。

鶏肉が完璧な食材なら、醤油はそれ自体に複雑なコクや香りが備わった万能調味料。お互い相手にとって不足なしです。安価で扱いやすく調理時間も短くて済む、家庭料理の強い味方である鶏肉と、あたりまえすぎて普段あまりありがたみを感じることもない醤油。両者の凄さを改めて実感できるのが、この極めてミニマルな組み合わせなのです。

基本の醤油焼きとり（P.80）

僕がかつて修業させてもらった日本料理屋さんで、メニューにある唯一の鶏肉料理がこれでした。鶏肉に醤油をまぶしつけて焼くだけというシンプルさには正直びっくりしたのですが、実際食べると確かにこれで十分。むしろもう何も足したくないと素直に思えました。教えてくれた板長は、「ショウガやらニンニクやら足したら品がない。甘みを足すのは粋じゃない。これが料理屋の料理ってもんだ」と言っていました。昔気質の板前らしいキッパリとした（でもちょっと頑固な）思想に感銘を受けたのを覚えています。

材料（1〜2人前）
鶏モモ肉　200g（約1枚）
濃口醤油　30g
サラダ油　5g
野菜　お好みのものを適量

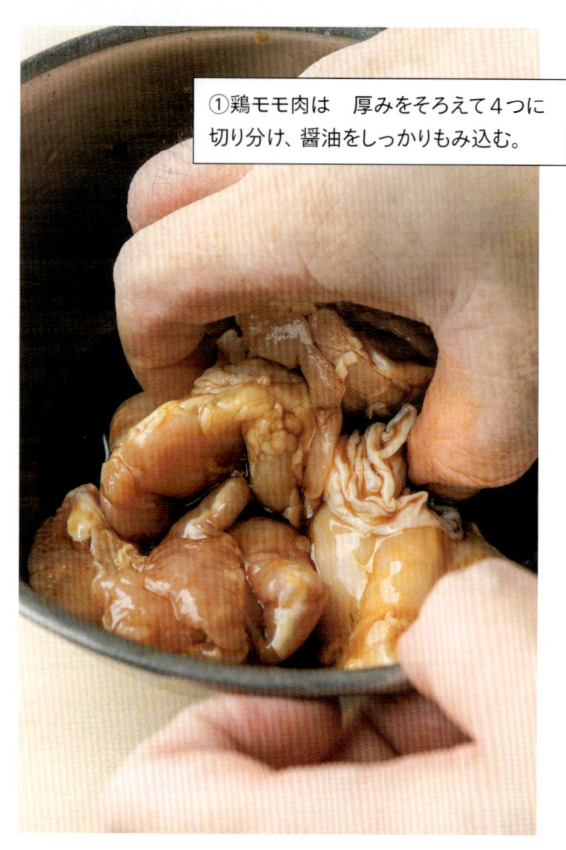
①鶏モモ肉は　厚みをそろえて4つに切り分け、醤油をしっかりもみ込む。

ポイント　魚焼きグリルで焼いてもよい。

②余分な醤油をはたき落とし、クッキングシートを敷いた天板に並べる。

③❷の残りの醤油にサラダ油を加え混ぜる。

ポイント ここでは、ピーマンと椎茸だが、お好みの野菜で。

④野菜を❸に入れてからめる。

⑤鶏肉と一緒に天板に並べる。

ポイント 魚焼きグリルを使うなら中火で。野菜は厚みなどによって焦げやすい場合があるので、5分経過した時点で一度確認し、火が通っていれば先に取り出しておく。

⑥200℃に予熱したオーブンで10〜15分焼く。

⑦器に盛る。

基本の醤油から揚げ (P.80)

から揚げ専門店のブームをへて、世の中にさまざまな工夫が凝らされたから揚げが出そろった今こそ、このシンプルなおいしさが新鮮です。

材料（1～2人前）
鶏モモ肉　200g（約1枚）
濃口醤油　20g
片栗粉　15g
揚げ油　適量

①鶏モモ肉は8等分に切って醤油をもみ込む。

［豆知識・から揚げの揚げ方］

温度調節機能があるコンロだと楽々。ない場合は温度計を使うと確実です。揚げ物の時の温度計は赤外線センサー付きの非接触型のものが便利です。

①油の量は肉がひたひたに浸かる程度（上記の分量なら250g）。直径20cmのテフロン深鍋に入れたら、中火にかける。
②油温が160℃になったら鶏肉を入れる（余分な粉があれば払い落としてから入れる）。
③表面が固まったらやさしく混ぜて肉の上下を返す。
④そのまま中火で揚げ続け、油温が180℃を超えたら引き上げて油を切る。

②片栗粉を加えてまぶす。

③写真のようにまんべんなくまぶされればよい。

④160℃に熱した油に❸を入れて揚げる。

⑤油を切り、器に盛る。

展開①

さらにミニマルな醤油焼きとり

醤油の量を減らし、鶏肉はやや小さめにカットして、醤油を鶏肉に完全に吸わせると、より気楽に短時間でつくれます。メインディッシュにはなりにくいかもしれませんが、おつまみやお弁当にはぴったりです。

材料（2〜3人前）
鶏モモ肉　200g（約1枚）
濃口醤油　20g

①鶏肉はひと口大に切る。醤油をしっかりともみ込み、クッキングシートを敷いた天板に並べる。
②200℃に予熱したオーブンで（魚焼きグリルなら中火で）10〜15分焼く。

展開②

お蕎麦屋さんの焼きとり

オーブンや魚焼きグリルは使わずフライパンだけで完結させたい？ もう、ワガママだなあ……でもそんな時はこれです。醤油が焦げないように、鶏を焼いてから味をからめるという方法なので、醤油だけでなくみりんも加えて味のからみをよくします。お好みで、長ネギも一緒に焼いてください。

材料（1〜2人前）
鶏モモ肉　200g（約1枚）
濃口醤油　20g
みりん　20g
長ネギ（ぶつ切り）　お好みの量

①鶏モモ肉は厚みをそろえて4つに切り分ける。フライパンに皮目を下にして並べ、中火にかける。
②皮目がこんがりと焼けたら、ひっくり返してさらに焼く（この時、長ネギも入れ、焼けたら先に皿に盛り付けておく）。
③鶏肉に火が通ったら、濃口醤油とみりんを加え、フライパンをゆすって全体にからめながら煮詰める。
④タレに少しとろみがついてきたら完成。

展開③

昭和ビアホールのから揚げ

から揚げが醤油だけでもばっちりおいしいことを確認したら、そこからは好きなものを足して「マイベストから揚げ」を目指すのもまた良し。ここではおいしくなりそうなものを片っ端から足してみました。

材料（1人前）
A
　から揚げ用鶏モモ肉　200g
　　（または骨付き鶏モモ肉のぶつ切り1本分）
　濃口醤油　20g
　みりん　10g
　酒　10g
　おろしショウガ　5g
　おろしニンニク　5g
　スパイス（黒コショウパウダー、ナツメグパウダー、
　　オールスパイスパウダーなど）　合計0.5〜1g
　レモン　1/8個
片栗粉　15g
揚げ油　適量

①Aを合わせて鶏肉にもみ込み、1時間以上しっかりと漬ける（レモンは果汁を搾り入れ、残った皮ごと漬ける）。
②ザルにあけて汁気を切り、レモンの皮や種を取り除く。
③片栗粉をまんべんなくまぶして揚げる（揚げ方は「醤油から揚げ」P.84参照）。ポテトチップス、パセリ、レモンなどを添えてバスケットに盛ると、昭和ビアホール感を演出できる。

おまけ

とり重

ありあわせのおかずをご飯にのせて……というのは手抜きの定番ですが、お重さえあればアラ不思議、それがずいぶん立派な料理に見えてきます。活用しない手はありません。ここでは、ご飯の上に海苔を敷き、薄焼き卵とともに醤油焼きとりをのせました。醤油焼きとりは基本形でも展開でもお好みのものでどうぞ。

ミニマル豚生姜焼き

要素を削ぎ落とした、いかにもミニマル料理らしい豚生姜焼き。ショウガはお好みで倍量まで増やしてもOKです。ただし、本書の冒頭（P.7）でもお伝えした通り、ショウガは必ず生のものをすりおろして使ってください。

このソリッドなバランスを最も生かす部位は豚バラ肉。せん切りキャベツと、お好みでマヨネーズを添えてどうぞ！

基本のミニマル豚生姜焼き (P.88)

材料（1人前）

豚バラスライス肉　150g

A

　濃口醤油　12g

　酒　12g

　おろしショウガ　6g

ポイント
豚肉に火が通るまでの間に、Aを混ぜ合わせておく。

①豚肉をフライパンに並べ、中火にかける。

②片面がこんがりと焼けたら、裏返す。

③豚肉に火が通ったら、Aを❷に加える。

④フライパンを軽くゆすりながらタレを煮詰め、豚肉にからめる。

ポイント
タレがしっかりからんだら、器に盛り、お好みでせん切りキャベツやマヨネーズを添える。

みりん比

和食における最も基本的な味付けは、醤油とみりん1：1。これでたいていのものは、塩気と甘さのバランスがととのいます。この比率をここでは、醤油に対するみりんの比率という意味で「みりん比１」と定義します。「基本のミニマル豚生姜焼き」（前ページ）はみりんが入らないので「みりん比0（ゼロ）」ということになります。

ただ昨今は、みりん比１よりも甘めの味付けが好まれる傾向にあり、家庭料理においては「みりん比1.5」くらいが標準的な味付けになっているようです。市販の麺つゆなどもだいたいこの値です。そして外食や市販のタレ類は、さらにみりん比が高い傾向があります。「みりん比２」くらいは、もはやあたりまえです。

自分の好みの味付けを探る時は、この「みりん比」で考えると便利です。みりん比が１を超える時は、みりんではなく砂糖を増やす方が良いでしょう。砂糖１gがみりん３gの甘さにだいたい相当します。塩気についても同様に説明しておくと、塩１gは濃口醤油６gに相当します。

なお、濃口醤油と薄口醤油では厳密には塩分濃度が異なりますが、みりん比で考える場合は、その差は誤差として無視してかまいません。つまり濃口醤油だろうと薄口醤油だろうと、醤油とみりんが同量であれば、それは「みりん比１」として扱います。

ではここから、「基本のミニマル豚生姜焼き」のタレのみりん比を変えた３パターンの生姜焼きを展開していきます。なお、つくり方は「基本のミニマル豚生姜焼き」と全く同じです。あなたの好みはみりん比どれくらいでしょう？

みりん比1：
昔ながらの豚生姜焼き

基本のミニマル豚生姜焼きを少ししょっぱいと感じるようでしたら、この割合をお試しください。調整したのは甘味のみで、醤油の量（＝塩分量）は変えていません。この他のレシピでも同様です。バラ肉以外の部位を使う場合に特におすすめの割合です。

材料（1人前）
豚肩ローススライス肉　150g
A
　濃口醤油　12g
　みりん　12g
　おろしショウガ　6g

みりん比1.5：
家族みんなが喜ぶ豚生姜焼き

現代の家庭料理において典型的なバランスの味付けだと思います。塩気のカドを甘味で叩くので、お子様にも食べやすく、かつ、ご飯のすすむ味わい。肉の部位や品質を問わない、使い勝手のいい配合とも言えます。

材料（1人前）
豚コマ肉　150g
A
　濃口醤油　12g
　みりん　12g
　砂糖　2g
　おろしショウガ　6g

みりん比2：
市販のタレでつくるような豚生姜焼き

分量が多少アバウトでも、失敗がありません。この比率のままタレの分量を増やすことも可能で、そうすると外食っぽい生姜焼きになります。脂の少ない豚ロースには、これが案外向いています。

材料（1人前）
豚ローススライス肉　150g
A
　濃口醤油　12g
　みりん　12g
　砂糖　4g
　おろしショウガ　6g

ミニマル肉料理① 豚肉の皿しゃぶと概念豚汁

豚肉をしゃぶしゃぶしたゆで汁は、実は極上の豚だしでもあります。それを無駄なく利用して味噌汁をつくれば、豚肉が入っていなくても立派な豚汁になるというのがこの料理のロジックです。

材料（2人前）

A

　玉ネギ（厚めのスライス） 200g

　ショウガ（スライス） 2枚

　水 500g

豚バラしゃぶしゃぶ用肉 300g

味噌 適量（目安は50g）

カイワレ大根 どっさり

ポン酢（または「胡麻酢」P.63）

　適量

豚しゃぶは皿に盛ってカイワレ大根をのせ、ポン酢または胡麻酢をかける。概念豚汁は椀によそい、こちらにもカイワレ大根を少し浮かべる。

①Aを鍋に入れて沸騰させ、蓋をして弱火で20分煮る。

ポイント
玉ネギがやわらかくなるまで煮ると良い。

②豚肉を3回くらいに分けてしゃぶしゃぶし、ボウルなどに取る。

ポイント
グラグラ煮立てないこと。しゃぶしゃぶした肉はボウルなどに取る。豚肉の破片が多少鍋に取り残されても気にしない。

③ボウルなどにたまった汁は鍋に戻し入れる。

④沸かしなおし、味噌を溶き入れる。

ポイント
沸かしなおした際にアクが浮いたら、すくい取ってから味噌を溶く。

ミニマル肉料理②　ミニマル豚角煮

豚バラ肉と大根だけを、下ゆでなしでじっくり煮ます。あえて香味野菜は入れませんが、大根がその役目をきっちりと果たします。豚の旨味と脂を吸った大根は、主役を食うおいしさ。きざみ大葉をのせて爽やかに仕上げます。

材料（2人前）
豚バラブロック肉（食べやすく切る）　200g
大根（食べやすく切る）　350g
A
　砂糖　20g
　濃口醤油　40g
　酒　100g
水　材料がひたひたになる量
　　（目安は300g）
大葉、練りがらし　各適量

ポイント
Aを入れたら混ぜて砂糖を溶かす。「ひたひた」とは写真くらいの量（材料がちょうど水に浸る程度）。

①A、豚肉、大根を鍋に入れ、水をひたひたに注ぐ。

ポイント
写真は45分煮込んで肉がやわらかくなったところ。

②中火にかけて沸かし、蓋をして豚肉がやわらかくなるまで弱火で45分煮込む。

ポイント
クッキングシートの中央に穴を開けて落とし蓋とする。

③落とし蓋にかえて中火にし、水分を飛ばしながら煮込む。

ポイント
いったん冷ますと味がよくしみる。食べる前に温めなおして器に盛り、大葉のせん切りと練りがらしを添える。

④鍋中重量が700gになったら火を止め、冷ます。

ミニマル肉料理③　しそバター牛肉

僕が敬愛する東海林さだお氏が、料理の師匠でもある「真砂のオヤジ」さんから伝授された傑作料理を、つくりやすく分量化してアレンジしました。タイ料理研究家の下関崇子氏は、この料理を「日本版ガパオ」と分析しました。蓋し慧眼です。シンプルな料理だけに、肉の質は大事。脂がやや少なめの和牛がベストです。この料理を食べる際のクライマックスは、「最後に汁ごとご飯にぶっかける」です。

材料（1人前）
バター*　15g
牛切り落とし肉　150g
A
　濃口醤油　12g
　酒　12g
大葉　10枚

*有塩でも無塩でも、どちらでもよい。

①フライパンにバターを入れて中火にかけ、バターが溶け始めたら牛肉を入れる。

②牛肉をほぐしながら炒め、まだところどころ赤いくらいでAを入れてさらに炒める。

ポイント

混ぜながら炒める。火加減はジャージャーいうほど強くせず、やさしめに火を通すのがコツ。

③牛肉に火が通ったら火を止め、大葉を手でちぎり入れる。

④全体を混ぜ、大葉に余熱で火を通す。

ポイント

「みりん比」（P.92）を参考に、お好みのみりん比を探るのも良いかもしれません。特に、お肉の質に妥協した際は、甘めの味付けもまた良しです。

ミニマル肉料理④　牛肉のすっぽん仕立て

「すっぽん仕立て」とは必ずしもすっぽんを使った料理というわけではなく、すっぽんの調理法を他の肉や魚に応用したものを指します。具体的には、たっぷりの酒を使い、ショウガを効かせるのがその特徴です。ここではショウガを、煮込み、仕上げ、薬味、と３段階かけて効かせています。
基本的にはクセのある素材に向く調理法なので、安価な輸入ステーキ肉がおすすめ。肉の歯ごたえを残しても、じっくり煮込んでやわらかくしても、煮込み加減はお好みで構いません。この料理で使う酒は、料理酒ではなく、飲んでおいしい日本酒を必ず使ってください。レシピの分量をワンカップ酒１本分にしていますので、普段の料理に日本酒を使わない方も買った分を使い切ってつくれます。

材料（2人前）

A
- 牛肉（角切り）　200g
- ショウガ（8mm角に切る）　10g
- 酒　180〜200g
- 水　400g
- 昆布　6g（約10cm）

薄口醤油
- 煮上がり重量の5%（目安は30g）

長ネギ（長さ5cm・縦4等分）　40g

おろしショウガ　20g

牛肉は輸入肩ロースステーキ肉などがおすすめ。ボウルに入れ、熱湯をかけてから軽く水洗い（霜降り）しておくと、すっきりとした味わいに仕上がる。ひと手間ではあるが、アクを取ったり煮汁の濁りを気にしたりする必要がなくなり、かえって楽。

①Aを鍋に入れて中火で沸かし、昆布だけを取り出す。

ポイント
火にかける前に、昆布を酒と水にしばらく（約30分）浸しておくとよい（省略可。その際は、やや弱めの中火でゆっくりめに沸かす）。アクが出たらすくう。

②蓋をしてとろ火で30分～1時間煮る。

ポイント
煮立たせないようにとろ火で煮込む。水分が蒸発しすぎるようであれば途中適宜水を足す。肉が好みのやわらかさになるまで煮れば良い。

③鍋中重量を計量し、その5%の薄口醤油を加える。

④長ネギを加えてさっと火を通し、火を止める。おろしショウガの絞り汁を加える。

ポイント
絞った後のショウガはショウガ醤油（分量外）として添え、具の牛肉をつけて食べると良い。

ここからいよいよ「だし」が登場します。日々の料理に気軽に取り入れられる「日常だし」を起点に、汁物、煮物、鍋物など、和食ならではの多彩な世界が広がります。

第3章 だし

日常だし

気楽にとって、気楽に使うのが「日常だし」料理の幅が、ぐっと広がります

だしは和食の基本ということがよく言われます。会席料理などの高級日本料理の世界においては確かにその通りでしょう。しかし、家庭料理においては必ずしもそうではない、というのが本書の基本的な主張です。前章までは、直接的にはだしは用いず、素材そのものの旨味を生かしきる和食をご紹介してきました。
だしは必須ではありません。が、頼もしいオプションであることもまた事実です。日々の料理に取り入れれば、おいしさの可能性は、また一段と広がります。しかし、家庭でだしをとる（日本料理のプロの世界では、だしを「引く」と言います）のは、いつの間にかずいぶん特別なこととみなされるようになりました。その代わりに、顆粒だしや麺つゆ、濃縮白だしなど、手軽なだしの選択肢は増えています。もちろんそれはそれで良いことです。なんといっても簡単ですし、はっきりとわかりやすい旨味があり、風味の面でも昔より確実においしくなっています。ただ、どれだけ食品加工技術が進歩しても、自分でとるだしには、それにしかない良さというものがあります。これは体験してみないとなかなかわからないかもしれません。

家庭でだしをとる人が少ない大きな理由のひとつは、いま現在一般的とされているだしのとり方が、贅沢すぎるし丁寧すぎるからではないかと薄々思っています。かつおだしのよくあるレシピは、水1リットルに対してかつおぶし30gと昆布10g、みたいな感じでしょうか。かつおぶし30gというと数字では少なく見えますが、実際計ってみると「こんなにたくさん！」と驚くことでしょう。昆布10gは、水に浸けておくと鍋いっぱいと言って良いくらいにパンパンに膨れ上がります。そしてその昆布は沸騰するちょっと前に取り出さなければいけません。かつおぶしを入れた後はすぐに漉します。漉す時はザルにペーパーをかませます。漉したかつおぶしは絶対に絞ってはいけません……。

もちろん決して間違ってはいません。この通りにやれば、とてもおいしい「一番だし」がとれます。しかし、そもそも家庭でとる日常のだしが一番だしでなくてはならないのか？という話があるわけです。一番だしというのは、簡単に言うと「高級日本料理店のだし」です。おいしいけれど、毎日いただくようなものではありません。

しかも、一番だしを「引いた後」のかつおぶしと昆布には、まだたっぷりと旨味が残っています。だからプロはそれで二番だしをとったりします。家庭ではさすがにそこまではなかなかやりません。その代わり、それらをフリカケや佃煮に再利用することもよく推奨されます。しかしこれが曲者です。一回分のだしガラでフリカケや佃煮をつくったら、それは絶望的なほど膨大な量になります。冷蔵庫の不良在庫になること待ったなしです。それを消費しきるまで次のだしをとらないわけにもいかないので、結局だしガラは捨てることになります。罪悪感に苛まれます。結果、だしをとること自体が億劫になります。完全に負のスパイラルです。

そこで本書で推奨するのがかつおと昆布の「1.5番だし」（P.106～107）です。一番だしと二番だしの中間とも言えますし、一番だしと二番だしを混ぜたものとも解釈可能です。この後のページで詳しく解説しますが、要点をかいつまむと、

◎かつおも昆布も一番だしの半分でOK（経済的！）。
◎コトコト煮て、旨味をすべて出しきります（うっかり煮立たせても、まあOK）。
◎ペーパーは不要。網じゃくしですくいます（多少のカスが何か問題でも？）。

◎絞りたければぎゅうぎゅう絞ってください（もったいないもんね）。

ということになります。こうしてだしをとった後のだしガラは、所詮だしガラ。躊躇なく捨ててください。

日常的に（つまり2、3日に一回は）だしを活用するなら、「煮干し昆布だし」（P.108〜109）は、さらにおすすめです。冷蔵庫に煮干しと昆布を水に浸したものを常備しておけば、あとはそれをさっと沸かすだけ。とにかく使い勝手が抜群な上に、しっかりとした旨味が手に入ります。
煮干しは頭とワタをむしらなければならない、という「常識」が一部にありますが、これは正直、過去のものだと思います。現代の煮干しは、加工技術や包装技術の進歩のおかげで、昔のものと違ってほとんど酸化していないからです。普段は煮干し昆布だし、上品な風味が欲しい時や急いでいる時はかつお昆布だし、と使い分けられるようになったら、たちまち「だし上級者」です。

もっと急ぐ時は「だしパック」という選択肢もあります。風味や味わいの点では若干劣るものの、良い商品を選べば、その差はあくまで「若干」です。雑味のなさという点で、原料はかつお主体のものがおすすめです。また、原料に粉末醤油や各種エキスなどの調味料が含まれるものは、本書ではおすすめしません。このタイプのものは、むしろ顆粒だしや濃縮白だしの上位互換とお考えください。なのでもちろんおいしいのですが、本書が目指すミニマルなおいしさとは、少しだけ方向性が異なるのです。

だしが日常のものになったら、前章までのレシピの材料の「水」をだしに置き換えてみる、というのもちょっとやってみてください。人それぞれで感じ方は違うはずですが、よりおいしくなったと思えるものもあれば、別に大差ないものも、かえって良さが失われたと感じるものもあるはずです。そうやって、自分にとってのベストを探るための超絶便利なアイテムこそが、だしなのです。

日常だし① かつお昆布「1.5番」だし

［ポイント］

◎華やかな香りと、キリッとした上品な旨味が特徴です。

◎かつおぶしと昆布の量は一般的な一番だしよりかなり少なく、それを短時間ではありますが、コトコトと弱火で煮出してつくります。

◎なので、そのだしガラは所詮だしガラ。躊躇なく捨ててください。

◎最後にかつおぶしは網じゃくしですくい取るか、ザルで漉します。キッチンペーパーは使いません（カスが多少残ったとて何か問題でも？というスタンスです）。前述した通り、ぎゅうぎゅう絞っても別に構いません。

材料

水　1000g

昆布　6g

花かつお　16g

［一番だし］

材料のかつおぶしと昆布を倍にすれば、よりスッキリかつ旨味濃厚な一番だしを引くこともできます。その場合は、昆布は沸騰する前に取り出し、かつおぶしが湯に沈んだらすぐにザルで漉し、絞りません。贅沢なお吸い物を楽しみたい時などに、たまにはどうぞ。

ポイント 花かつおは沸く手前の鍋肌がふつふつしたあたりで加える。

ポイント 昆布を水にしばらく（15～30分）浸しておくとよい（省略可）。

①水と昆布を弱火にかけ、ゆっくり沸騰させる。

②花かつおを加えて箸で湯の中に沈める。

③グラグラ煮立たないくらいの火加減で2分煮出す。

ポイント 花かつおのカスが多少残っても気にしない。昆布と花かつおはしばらく入れっぱなしでも。

④昆布を取り出し、花かつおは網じゃくしですくい取る。

日常だし② 煮干し昆布だし

［ポイント］

◎濃厚かつまろやかな旨味と、素朴な風味が特徴です。

◎煮干しと昆布を一晩水に浸しておき、それをさっと沸かすだけで最高のだしになります。

◎冷蔵庫に常備すると、毎日のだしライフが楽々です。水漬けの状態で3日は日持ちします。

◎急ぐ場合は浸し時間ゼロでも、弱火でゆっくり沸かせば大丈夫です。

◎現代の煮干しは酸化を防ぐさまざまな工夫がなされているので、昔と違って頭やワタをむしる必要は基本的にありません。

分量の水を半量にして一晩浸水し、沸かす時に同量の水を加えるという裏技もあります。冷蔵庫のスペースが節約できるだけでなく、沸かさずとも十分濃いだしとしてそのまま活用できるというメリットもあり、おひたしなどに少量使いたいだけの時などに重宝します。

材料

水　1000g

昆布　6g

煮干し　16g

①材料を合わせ、冷蔵庫で一晩おく（省略可）。

②鍋に❶を移し、中火にかける。

ポイント

❶を省略した場合は弱火でゆっくりめに沸かす。

③沸騰したら、最弱火にして３分煮出す。

ポイント

決して沸かさず、ぽこぽこと泡が立つくらいのごく弱い火加減で煮出す。

④火を止める。

ポイント

昆布と煮干しは取り出しても良いし、使う時まで入れっぱなしでも良い。

日常だし③　だしパックのだし

［ポイント］

◎より手軽に、十分おいしいだしがとれます。

◎原材料がかつおぶし主体のものは、雑味（くさみ）が少なくておすすめです。

◎調味料や各種エキスなどが入ったものは、本書ではおすすめしません。

◎だしのとり方はパッケージに書いてある通りで構いませんが、なるべくゆっくりと弱火で煮出すのがコツです。もちろん、急いでいる時はこの限りではありません。

◎水を増やし、その水の重量の２％の昆布を加えるのもおすすめです。

原材料名の筆頭にかつおぶしが記載されているものを選ぶと良い。右のだしパックは、かつおぶしが主体で余計なものが入らず、主要なだしの材料がすべて入っていることがわかる（つまりおすすめ）。

名　称	だしパック
原材料名	かつお節(国内製造)、いわし煮干し、昆布、椎茸
内容量	96g(8g×12袋)
賞味期限	枠外右下部に記載
保存方法	直射日光や高温多湿を避け、常温で保存してください。
製造者	株式会社カネソ22 広島県福山市御船町2-2-26
製造所	岡山県笠岡市茂平1694-11

日常だし④　水＋α

［ポイント］

◎旨味がしっかり出る素材を煮るのであれば、水がそのまま最終的にだしとなります。つまり前章までの煮物系料理（P.96「ミニマル豚角煮」など）がこれにあたります。

◎その際、酒や昆布などを加えると、最終的なだしとしての完成度が上がります。

◎昆布を加える場合は、水の重量の１～２％が目安となります。

◎昆布を加えたものは「昆布だし」ということにもなりますが、単体ではっきりとした旨味を感じる日常だし①～③とはかなり性質が異なります。昆布だし自体の旨味はごく淡白なものなので、あくまで「水の延長」と捉え、そこに魚介や肉などの動物性の素材を加えることで、（①～③同様の）納得感のあるおいしさが得られます。

だし素材の選び方と保管法

かつおぶし

かつおぶしにもいろいろありますが、まずは「花かつお」と呼ばれる、かつおぶし（あらぶし）の薄削りを使ってください。産地やメーカーによって多少の品質の差はありますが、とりあえず手に入りやすいものでOK。血合いの部分を含む色の濃いもの（写真左下）と血合い抜きの淡いもの（右上）があります。血合い抜きのかつおぶしは、だしそのものの味を楽しむお吸い物などの料理に向いており、上品な味わい。色の濃いものはより安価ですが、味わいはむしろしっかりしているので、普段使いするならこちらが良いでしょう。開封後は、密封して冷蔵庫で保管するのがおすすめです。日持ちはあまり気にする必要はありませんが、開けたてが一番風味が良いのも確か。1カ月程度で使い切れる量のものを買うと良いでしょう。

昆布

昆布にはいくつかの種類がありますが、まずは「真昆布」を使ってみてください。「利尻昆布」や「羅臼昆布」でもOKですが、「日高昆布」だけは避けておいた方が良いでしょう。日高昆布はだしガラを煮て食べるのにはやわらかくて良いのですが、旨味がやや少ないのに対してクセ（昆布くささ）が強く、扱いが難しいです。保管場所や保管期間にはさほど気を使う必要はありません。冷暗所でさえあれば十分です。

煮干し

こだわり始めたらキリのない食材ではありますが、とりあえず普通に売っているものならなんでもOKです。強いて言うなら、小さめのものが品質が高く、だしも出やすいです。花かつおよりは劣化しにくいのですが、酸化は大敵なので、必ず密封して冷暗所で保管してください。開封後1カ月以上持ち越しそうなら、やはり冷蔵庫保管がおすすめです。

アタリ

だしに醤油やみりんなどで味を付けることを「アタリ（を付ける）」と言い、アタリを付けただしを「地」と呼びます。アタリの加減にはいくつかのパターンがありますが、ここではその代表的なものを中心に６つご紹介していきます。

もとになるだしは、P.106～110で解説した「かつお昆布1.5番だし」「煮干し昆布だし」「だしパックのだし」のうちならどれでもOKです。つくり方は、基本的には材料をすべて混ぜ合わせるだけ。たいていの料理で、その後一度沸かすことになるので、みりんを煮切っておく必要も特にありません。

〈ここで紹介するアタリ〉

薄口八方地

だし		薄口醤油		みりん
12	:	1	:	1

塩分濃度 1.3%

野菜の煮物を中心にさまざまな用途に使える、代表的なアタリです。八方の名は、なんにでも使える便利なものというところからきているという説もありますし、もともとは8：1：1の割合だったからという説もあります。日本料理が洗練され、薄味になっていく中で、徐々に薄くなっていったということなのでしょう。逆に言うと、ご飯がすすむような素朴な煮物にしたい場合は、元の割合くらいの強いアタリにしても（しっかりと濃いめの味付けにしても）いいわけです。この後に紹介する各アタリもそうですが、基準の割合（ここでは12：1：1）をベースに、あとは好みや目指す味に合わせて調整していってください。例えば僕の場合は、みりんの割合を0.8ほどにして、少しキリッとした味に仕上げることが多いです。煮干し昆布だしをベースにすると、さぬき風や博多風のうどんつゆとしても活用できます。

展開①

炊き合わせ

日本料理の煮物には、下ゆでした野菜をアタリを付けただしに浸すという手法でつくられるものもけっこうあります。煮詰まることもなく、だしの風味も生かしやすくて、家庭でも取り入れたい手法です。野菜は季節ごとにさまざまな組み合わせでつくってみてください。色味を考えて取り合わせると、自然と味わい的にもバランスの良い組み合わせになります。野菜だけでももちろん良いのですが、生麩やゆで海老、焼き穴子、卵焼きなどを加えてちょっと贅沢に仕立てても。おだしをたっぷり張れば、汁物兼用（椀盛）にもなります。

材料
薄口八方地　適量
野菜　お好きなものをお好きなだけ

①野菜は食べやすく切り、やわらかめにゆでる。
②薄口八方地を沸かし、❶がちょうど浸るくらいの量を注ぎ、1時間以上おく（冷蔵庫に一晩おくとさらにおいしくなる）。浸す器は耐熱の保存容器が便利（温め直しは電子レンジでもいいので）。
③食べる時はそのまま常温でも、温め直しても、冷蔵庫で保管して翌日以降「冷やし炊き合わせ」としても。

温めた地にゆでた野菜を浸すだけでつくることができる。

展開②

水菜とお揚げさんの炊いたん

京風おばんざいの代表格。言うなれば「煮びたし」の黄金パターンです。水菜を小松菜など他の青菜に変えてもおいしくつくれます。おいしいだしさえあればあっという間にできるので、きっと食卓の定番になりますよ！

材料
薄口八方地　280g*
水菜（食べやすい長さに切る）　180g
油揚げ（太めに切る）　60g

*だし240g、薄口醤油20g、みりん20gを合わせると280gの薄口八方地になる。

①薄口八方地を中火にかけ、沸騰したら水菜と油揚げを加えてさっと煮る。

だしつゆ

だし		薄口醤油		みりん
16	：	1	：	0.5

塩分濃度 1%

本書ではこの後の「三品鍋」(P.124～131)において「基本パターン①だしつゆ鍋」の地としても活用します。お吸い物より少し濃いけれど、そのままおいしく飲めるアタリで関西風のうどんつゆにもぴったりです。コトコトと煮含める煮物にも向いているので、おでんなどにもぴったりです。

展開①

あられ豆腐椀

ただの豆腐汁も、絹ごし豆腐を細かく切ってたっぷり入れると、気の利いた一品になります。小さく切った豆腐を米に見立て、「豆腐粥」とも呼ばれる料理です。だしつゆ自体は吸い物としては少し濃いのですが、豆腐の水分で薄まることでちょうどよくなります。

材料
だしつゆ　適量
絹ごし豆腐（8mm角に切る）　適量

①鍋にだしつゆと豆腐を2：1くらいの割合で合わせてさっと沸かす。
②椀に盛り、お好みで三つ葉や柑橘の皮など、香りのものを少しあしらうと良い。

展開②

きざみきつねうどん

揚げが甘くない、京風のきつねうどん。だしを存分に楽しめるシンプルなおいしさです。使ううどんはお好みのもので結構ですが、このきざみきつねうどんに関しては、なるべくコシのないやわらかなうどんが向いています。つゆに水溶き片栗粉でとろみをつければ京風の「たぬきうどん」に。こちらにはおろしショウガものせてください。

材料
だしつゆ　適量
うどん　1玉
油揚げ（1cm幅に切る）　適量
青ネギ（斜め切り）　適量

①うどんをゆでて水洗いする。
②だしつゆを沸かし、❶を入れて温める。
③うどんだけを丼に移し、つゆを残した鍋で油揚げと青ネギをさっと煮る。うどんにかける。

濃口八方地

だし		濃口醤油		みりん
8	：	1	：	1

塩分濃度 1.6%

しっかりした味付けをする濃口のアタリです。どちらかと言うと関東風の味といったところでしょうか。割合は語源通りの８：１：１。これは「外八方」とも言い、「内八方」になると６：１：１、つまり合計が８になります。よりしっかりした味が欲しい時は、そのようにアレンジすることも可能です。このアタリを使ってつくる煮物は、いわゆるご飯がすすむ味。牛肉やごぼうなど、風味の強い素材を煮るのには特に向いています。クラシカルなタイプのかけ蕎麦のつゆとして活用することもできます。

展開①

穴子の柳川風

江戸前っぽい料理です。こういった料理は最近はもっと甘めに仕立てることも多く、そうしたい場合はここに砂糖を6gほど加えても。ご飯のおかずにするなら、甘めもなかなか良いものです。

材料
濃口八方地　200g*
ささがきごぼう　120g
ゆで穴子（市販またはP.78。細めに切る）　80g
卵　2個

*だし160g、濃口醤油20g、みりん20gを合わせると200gの濃口八方地になる。

①濃口八方地をフライパンで沸かし、ささがきごぼうとゆで穴子を加えてさっと煮る。
②卵を溶いて全体に流し入れ、ゆるく固まったら完成。

展開②

花巻蕎麦

江戸前蕎麦のクラシックメニュー。要するにかけ蕎麦に焼き海苔をたっぷりのせたものですが、今これを出している店はかなり少ないかもしれません。江戸前のかけ蕎麦のつゆは、蕎麦にしっかりとした味を付けるためのもの。言わばスープではなくソースなのです。なのでつゆの量は、おだしをたっぷりと張る関西風のうどんなどにくらべると少なめ。なお、分量のみりんを半量にすると、ぐっとソリッドで粋な味わいになります。しょっぱい味が嫌いでない方はぜひお試しください。

材料
濃口八方地　適量
蕎麦　適量
焼き海苔　お好きなだけ

①蕎麦をゆでて水洗いする。
②濃口八方地を沸かし、❶を入れて温める。
③つゆごと丼に盛り、焼き海苔を好きなだけちぎってのせる（この後、蓋をして少し蒸らすとより本式）。ネギを入れたい場合は小皿で別添えがおすすめ。温かい蕎麦ですが、意外とワサビもよく合います。三つ葉も少し入れると小生も大喜び。

うまだし

だし		薄口醤油
5	:	1

塩分濃度3%

言わば「万能和風ソース」として、玉子豆腐や生湯葉などの淡白な料理に少量をかけて用います。特におひたしには欠かせません。

展開

黄金比率おひたし

青菜をゆでて醤油とかつおぶしをかける素朴なおひたしも良いものですが、やはりおひたしというからには「浸し」たいものです。

材料
青菜（ほうれん草、小松菜、水菜、三つ葉など） 適量
A
　だし　ゆでて絞った青菜の50%
　薄口醤油　ゆでて絞った青菜の10%

①青菜をさっとゆでて水にさらす。水気を絞り、食べやすい長さに切る。
②❶を計量し、Aの材料を記載の割合で合わせてうまだしをつくる。青菜を器に盛り、うまだしをかける。

天だし

だし		濃口醤油		みりん
5	:	1	:	1

塩分濃度 2.3%

文字通り、天ぷらのつゆとして用います。天ぷらだけでなく、鶏のから揚げを浸しても良く、揚げ出し豆腐のつゆとしても使えます。湯豆腐のタレとしてもおすすめです。「うまだし」（左ページ）の醤油を濃口に変え、みりんの甘味を加えたものとも解釈可能で、うまだしが淡泊な素材向きなのに対して、こちらは油っ気のある料理に特によく合う万能和風ソースとも言えます。

展開

夏野菜の焼きびたし

夏になると必ずつくりたくなる料理です。野菜は油少なめで香ばしく焼くのもさっぱりして良いものですし、油多めで揚げ焼きした後に熱湯をかけて油抜きすると、割烹風の上品な一品になります。浸しておく時間は15分程度でも十分ですが、しっかり味のしみた翌日以降はまた違ったおいしさです。

材料
夏野菜（なす、パプリカ、オクラ、かぼちゃなどお好みのもの）　適量
サラダ油　適量
天だし　適量

①野菜は食べやすい大きさに切ってサラダ油を引いたフライパンで焼き、半分浸る程度の量の天だしをかけてしばらくおく。冷やして食べるのもおすすめ。

吸い地

だし　塩　薄口醤油

100 : 0.5 : 2

塩分濃度0.8%

吸い物（椀物）用の地です。P.106の「一番だし」を使う場合は、これよりもう気持ち塩分を減らします。吸い地自体がちょうど良い味加減なので、具を入れる場合は軽く下味を付けてから入れる必要があります。逆に言うと、薄口八方地（P.114）やだしつゆ（P.116）は、味付けなしの具が入って薄まり、最終的にこの吸い地くらいのアタリになることをイメージすればよいわけです。

展開

玉子豆腐のお椀

吸い物（椀物）の具（椀種）は凝り始めるとキリがない世界ですが、まずは手軽にこちらで。玉子豆腐は市販のもので構いません。手軽な椀種としては、紀文の「魚河岸あげ」も個人的におすすめです。

材料
玉子豆腐（市販）　1個
吸い地　適量

①玉子豆腐は電子レンジでほんのり温める。
②❶と三つ葉を椀に盛り、温めた吸い地を注ぐ。あれば柚子の皮やすだち、木の芽など、季節の香りのもの（吸い口）を浮かべるとよい。

三品鍋

三品鍋とは、その名の通り、具材を三品に絞った鍋です。鍋と言うとついつい、ありったけの具材を豪華に用意したくなるものですが、そこをあえてストイックに、ということですね。

しかし三品鍋は、決して禁欲的なわけではなく、むしろ享楽的とも言えます。あえて具材を絞ることで、そのひとつひとつのおいしさを鮮やかに浮かび上がらせようという魂胆があるのです。そしてその具材を日々入れ替えていけば、大袈裟でなく毎日でも飽きません。冬に限らず一年中楽しめるのが三品鍋です。ついつい「あれも入れたいこれも入れたい」となってしまう気持ちをぐっと抑えることこそがおいしさの決め手。今日諦めたものは、明日の三品鍋に入れればいいのです。

三品は、[鍋上／鍋中／鍋下] という組み合わせで考えます。メインとなる食材を三品鍋の中心素材と捉えて鍋中とし、まずこれを決めます。次にベースとなる素材を鍋下、仕上げに加えることの多い葉野菜などを鍋上として、順に決めていきます。それぞれの基本形は以下の通り。

鍋上……季節の緑野菜。ネギや青菜など、さっと火を通してシャキシャキと食べられるものが特に向いています。

鍋中……肉や魚介など。食べごたえがあって旨味豊富な食材が、鍋つゆをさらにおいしくしてくれます。

鍋下……淡白な食材をたっぷり入れます。なんといっても豆腐がその筆頭ですが、麺や麩、大根などの淡色野菜もまた良いものです。

三品鍋はシンプルな分、鍋つゆのおいしさが要です。と言っても、別に凝ったものを用意する必要はありません。「日常だし」（P.106～110）さえあれば、あとは素材に合わせた最適のアタリを付ければそれで十分なのです。ここでは、前項でご紹介したさまざまなアタリからチョイスしたものに加えて、鍋に最適なものを4つご紹介しています。おいしい鍋つゆに具材の風味や旨味がほんのり染み出すと、極上の汁になります。三品鍋の主役は、具材よりもむしろこの汁なのです。三品に絞るのは、この汁のおいしさをなるべく濁らせないためでもあります。

三品鍋の基本パターン4選

ここでは三品鍋のベースとしておすすめの地とそれを使った鍋のパターンを4つご紹介します（①だしつゆ鍋、②昆布鍋、③濃口八方鍋、④味噌鍋）。三品鍋の具体例を集めた「附録 三品鍋十二カ月」（P.130〜131）は、このいずれかのパターンを用いています。

基本パターン① だしつゆ鍋

あらゆる食材とその組み合わせを受け止める、最も基本的なパターンです。アタリは「だしつゆ」（P.116）と同じ。これ自体がおいしい汁物ですので、さっと火を通すだけの食材や淡白な素材には、特に向いています。鍋下は豆腐以外にうどんもおすすめ。うどんすき風に楽しめます。

アタリの割合

だし		薄口醤油		みりん
16	:	1	:	0.5

※甘めでマイルドな味がお好みの方は、みりんを1まで増やしても

［特に向いている食材］
鍋上：小松菜　水菜　青ネギ
鍋中：白身魚　豚肉　油揚げ
鍋下：豆腐　うどん　がんもどき

展開

常夜鍋

豚肉と青菜の鍋物が「常夜鍋」。使われる青菜の代表がほうれん草です。汁を最後まで濁らせないために、ほうれん草はさっとゆでてアクを抜いておくのがコツですが、ほうれん草の代わりに小松菜を使って、この手間を省くこともできます。

材料（2人前）
だしつゆ（P.116）
　だし　640g
　薄口醤油　40g
　みりん　20g
ほうれん草　100g〜お好きなだけ
豚しゃぶしゃぶ用肉　160g
木綿豆腐　150g〜お好きなだけ

①ほうれん草はさっとゆでて水にさらし、長め（8cmくらい）に切っておく。豆腐は食べやすい大きさに切る。
②だしつゆを沸かし、具材をさっと煮ながらいただく。お好みでポン酢や薬味を添える。

基本パターン② 昆布鍋

いわゆる「水炊き」に近いものですが、水に昆布だけでなくほんのりと薄口醤油を加えることで、汁自体をお吸い物のように楽しめる鍋物になります。鶏肉や魚のアラなど、煮るほどにしっかりとした旨味の出る食材が向いていますが、決してグラグラとは煮立たせず、だしを濁らせないのがおいしさのコツです。

アタリの割合

水＋昆布		薄口醤油
20	:	1

※昆布の量は適当で構いませんが、水に対して0.5〜1%くらいが適量

[特に向いている食材]
鍋上：春菊　三つ葉　レタス
鍋中：鶏肉　魚のアラ　貝類（ハマグリなど）
鍋下：豆腐　大根　白菜

展開

鶏と春菊の昆布鍋

これぞ三品鍋、これぞミニマル、という、研ぎ澄まされたおいしさを保証します。先に昆布と鶏だけで「鍋の地」をつくっておくことがポイント。豆腐はいつだって三品鍋の基本具材ですが、この鍋には絹ごしが特におすすめです。

材料（2人前）
水　600g
昆布　6g（約1枚）
薄口醤油　30g
鶏モモ肉　160g
絹ごし豆腐　150g〜お好きなだけ
春菊　100g〜お好きなだけ

①昆布を水に浸しておく（この工程は省略可）。具材は食べやすく切る。
②❶を弱火にかけ、沸騰しそうになったら薄口醤油と鶏肉を加える。中火にし、再沸騰させる（この時点で昆布は取り出してそのままでも良い）。
③火を弱め、豆腐と春菊をさっと煮ていただく。お好みでポン酢や薬味を添える。

基本パターン③　濃口八方鍋

「濃口八方地」（P.118）を鍋の地として用います。あまから醤油味の、少しこってりとした関東風の鍋です。ご飯もお酒もすすむ味わいで、牛肉などの存在感の強い食材と好相性。味をより濃いめにととのえたものは、すき焼きのようにも楽しめます。

アタリの割合：基本

だし		濃口醤油		みりん
8	：	1	：	1

アタリの割合：濃いめ

だし		濃口醤油		みりん		砂糖
6	：	1	：	1	：	0.2

［特に向いている食材］

鍋上：長ネギ　セリ　ほうれん草

鍋中：牛肉　鴨肉　マグロ

鍋下：豆腐　蕎麦　キノコ

展開

鴨なんばん鍋

蕎麦屋さんの定番メニューを鍋仕立てで。蕎麦はさっとくぐらせる程度の「蕎麦しゃぶ」でお楽しみください。長ネギはそのまま入れてもいいのですが、焼き葱にしてから入れるといっそう風味が増します。鴨肉以外に鶏肉や豚肉を使っても。

材料（2人前）

濃口八方地

　だし　400g

　濃口醤油　50g

　みりん　50g

鴨ムネ肉（スライス）　160g

長ネギ　100g

蕎麦　お好きなだけ

①長ネギは斜め薄切りにするか、ぶつ切りにして、油を引いたフライパンなどで焼き目をつけておく。

②鍋に濃口八方の材料を合わせて沸かし、具材を煮て食べる。

基本パターン④　味噌鍋

味噌鍋と味噌汁を分つものは、濃いめのアタリと少しの甘み。食材によってはニンニクやショウガをすりおろして入れることで、より鍋らしいおいしさになります。鶏肉や豚肉の他、牡蠣やサバ、モツなど、ひとクセある食材もしっかり受け止めてくれます。

アタリの割合：八丁味噌の場合

だし		味噌		みりん
8	：	1	：	1

アタリの割合：八丁味噌以外の場合

だし		味噌		みりん
10	：	1	：	0.5

※みりんの適量は、お使いの味噌の甘味に合わせて調整してください。お味噌汁よりは少し濃く、少し甘めにすると、鍋物らしくなります

［特に向いている食材］
鍋上：青ネギ　ニラ　豆苗
鍋中：鶏肉　豚肉　牡蠣
鍋下：豆腐　うどん　焼き餅

展開
牡蠣どて鍋

味噌鍋と言えば、まずはこちらでしょう。どて鍋の名前の由来は、鍋の側面に味噌を直に塗り付け、少量の水で溶きながら具材を煮たところから来ています。ここではだしをベースに味噌地をつくり、牡蠣の旨味を受けとめた濃厚な汁ごと楽しめる鍋に仕立てました。

材料
味噌鍋の地（八丁味噌の場合）
　だし　400g
　八丁味噌　50g
　みりん　50g
　おろしニンニク　5g
牡蠣　100g～お好きなだけ
青ネギ　100g
焼き豆腐　150g～お好きなだけ

①牡蠣は洗い、青ネギと焼き豆腐は食べやすい大きさに切る。
②鍋に味噌鍋の地の材料を合わせて沸かし、❶を煮て食べる。

附録 三品鍋十二カ月

一月　①だしつゆ鍋：三つ葉・牛肉・うどん／だしつゆ+七味唐辛子

二月　④味噌鍋：白菜・鱈・木綿豆腐／白味噌地+生姜

三月　②昆布鍋：春菊・鶏肉・絹豆腐／昆布つゆ+ポン酢

四月　①だしつゆ鍋：蕪・鯛・がんもどき／だしつゆ

五月　①だしつゆ鍋：キャベツ・鶏つくね・厚揚げ／だしつゆ+黒胡椒

六月　③濃口八方鍋：白葱・牛肉・焼き豆腐／濃口八方地+生卵

前述の基本パターン４種を展開し、十二カ月分の鍋の組み合わせを考えてみました。
具材は鍋上・鍋中・鍋下の順に記載しました。その後ろは鍋の地と薬味やつけつゆです。
もちろん具材の組み合わせは自由ではあるのですが、ご参考までに。

◎七月
①だしつゆ鍋：小松菜・浅利・車麩／だしつゆ+七味唐辛子

◎八月
③濃口八方鍋：焼き葱・鴨肉・蕎麦／濃口八方地

◎九月
①だしつゆ鍋：芹・鶏肉・茸／だしつゆ

◎十月
①だしつゆ鍋：法蓮草・豚しゃぶ・木綿豆腐／だしつゆ+紅葉おろし

◎十一月
④味噌鍋：青葱・牡蠣・焼き豆腐／赤味噌地+生姜+一味

◎十二月
②昆布鍋：水菜・鰤アラ・大根／昆布つゆ+ポン酢

禁断のミニマル煮〆——後書きに代えて

本書は、第１章・第２章では素材そのものからおいしさを引き出す手法をお伝えし、第３章ではそこにだしが加わることでさらに料理の幅や自由度が広がる、という流れでここまで進めてきました。
とっくにお気付きかと思いますが、本書では、市販の麺つゆ、濃縮白だし、顆粒だしといった調味料を使用していません。その理由は簡単な話で、本書のコンセプトであるミニマルなおいしさを追求するのに、それらは特に必要ないから。それ以上でも以下でもありません。
逆に言えば、そういうものが必要となれば、それを使わない理由も何ひとつないわけです。その一例として、ここでは最後の最後に「うま味調味料」が必要なミニマル料理をひとつご紹介しようと思います。

ここで使用するのは「ハイミー」（味の素株式会社）です。ハイミーの成分は、グルタミン酸を中心にイノシン酸とグアニル酸。これは、昆布・かつおぶし・椎茸の主な旨味成分と同じものを抽出して配合したものとも言えます。もちろんそれらの素材からとるだしとは違い、香りやその他さまざまな成分は含みません。
次の見開きでご紹介するレシピをお試しになられる時は、ぜひ工程①で沸かした煮汁だけを一度味見してみてください。まずはそれだけで一応おいしいなんらかの汁になっていることに驚くかもしれません。調味料として薄口醤油とみりんも入っていますが、本書の第１章・第２章をステージクリアした方は、水と調味料を沸かしただけの汁がおいしくなるわけがないことは既にご存知かと思います。ここで、煮汁を何らかのおいしい汁たらしめているのが、たった１gのハイミーです。

しかし第３章もクリアしていれば、そのおいしさが微妙に不十分であることもわかると思います。味はなんとなくだしに似ていますが、香りや複雑さがなく、薄っぺらい印象を受けるのではないでしょうか。
しかし、ひとたび具材を入れて煮始めた段階でもう一度味見すると、劇的な変化が起こっていることにも気付くはずです。そこに現れる風味で最も重要なのは筍かもしれません。筍の持つ甘い香りや微かなエグ味が汁の味わいに豊かさをもたらします。にんじんや椎茸からももちろん、特有のフレイヴァーが滲み出ているはずです。厚揚げがもたらす微かな油脂もコクとなり、面白いことに、こんにゃくから出る決して単体では素直においしそうとは言えない「マズ味」までもが、味の奥行きに貢献しています。
これらの変化のひとつひとつはごく微妙なものです。「水＋ハイミー」を第３章のだしで置き換えても、それはもちろん十分すぎるほどおいしい料理になります。しかし、こういった微妙な風味はそのおいしさの少し後ろに隠れてしまうでしょう。どちらがおいしいかは、そこにどういうおいしさを求めるか次第です。少なくとも言えることは、その両者のおいしさは、よく似てはいるけれどやっぱり別物、ということです。

麺つゆなどの複合調味料は、圧倒的な便利さや安心感と引き換えに、つくり手の主体性が部分的にではあるけれど剥奪されかねないデメリットがあると思います。その点、ハイミーや味の素など単体のうま味調味料は、主体性があくまでつくり手の手の内にあるというタイプの調味料です。ただしそれは使い方がなかなか難しいことを意味するのも確かでしょう。このレシピでも、仕上がり重量の約0.1％でしかないハイミーが、明確な効果を発揮しています。

しかし、本書の全体をマスターした方であれば、そんな難しい調味料を使いこなすスキルも既に自然と身についているのではないかと思います。無理に使えと言うつもりはもちろんありません。けれど、別にハイミーに限ったことではありませんが、一生つくり続ける自分だけのおいしさに到達するために、うまく使えるものはなんでも上手に使うというのはなかなか大切なことなんじゃないでしょうか。

最後に少し長くなりますが、以前出したエッセイ集でこの煮〆について書いた箇所を引用してこの後書きを締めさせていただきます。

"田んぼの脇を流れる小川を背にして小さな段々畑を上りきったところに、父方の祖父母の家はありました。家の背後には竹藪が広がり、春先になると祖母はそこを歩き回って、時折細い棒をプスッと地面に突き立てます。足の裏の微妙な感覚でまだ地中深く埋まった筍の芽を探り当てて、そこに目印の棒を刺しておくのです。数日後、筍がほどよく育ったであろうタイミングでそれは掘り起こされ、すぐに庭先の鉄釜で茹でられました。
子供の頃家族で祖父母の家に行くと、だいたいいつでもお煮しめが振る舞われました。主役はその筍です。シーズン中の掘り立て茹で立てがおいしいのはもちろんですが、まとめて冷凍しておいて時期外れに食べるそれも、冷凍でほどよく繊維がほぐれたところにダシがたっぷり染み込みまた違ったおいしさでした。
お煮しめに他に入っていたものは、段々畑でとれた自家用の野菜や、近所の豆腐屋で買ってくる硬くてやたらずっしりした田舎豆腐の厚揚げ。そしてダシとして鮎の焼き干しが使われることもありました。目の前の小川の少し下流は鮎の漁場となっており、そこで捕れた落ち鮎（産卵のために川を下る鮎）をカラカラに干したものです。もっとも当時すでに天然の鮎はずいぶん貴重なものとなっており、お煮しめにもたまにしか使えなかったようです。そのたまの時には、祖母はお煮しめの大鍋の底に敷かれた簀の子をめくって、その下にぎっしり整然と並べられた鮎を見せてくれました。ちなみに鮎が入らない時のダシは「ハイミー」でした。
ともあれ、鮎だろうとハイミーだろうとそのお煮しめはいつだって最高のおいしさでした。当時の僕は、世の中のほとんどの小学生男子がそうであったように、好物はハンバーグやカレー、そしてスパゲッティ。煮物なんて普段はちっとも好きじゃなかったのに、そのお煮しめだけは別格でした。大振りに切られた筍や野菜、厚揚げにかぶりついてもりもりと頬張るおいしさは今思い出しても陶然とします。
後に僕はプロの料理人になり、その中で割烹の和食も学びましたが、そこで様々な技法を組み合わせて丁寧に作られるどんな手の込んだ「炊き合わせ」でも、このお煮しめに勝るものはありませんでした。

そのお煮しめに魅了されたのは僕や家族だけではありませんでした。団体役員だった祖父の仕事柄、その家には来客が多かったようです。辺鄙な田舎をわざわざ訪れる客人をもてなすためにもお煮しめは度々振る舞われていたようなのですが、その中でいつしか祖母は「田舎のお煮しめ名人」という評判を獲得していました。そしてある時、ローカルのラジオ番組で祖母とそのお煮しめは、晴れて県下全域に紹介されることになったのです。
しかしそこで一悶着が起きました。収録前の打ち合わせで「ダシは何ですか？」と聞かれた祖母が「今日のはハイミー」と率直に答えたところ、デイレクターがそれに難色を示したのです。ちょっとそれではリスナーに対して説得力に欠けるので、鰹と昆布のダシだとなお良い、とかそういうことにしていただけませんか、というような提案がなされました。
しかし祖母は頑としてそれを拒否しました。その理由がふるっています。
「煮しめはあくまで山の料理であって、山の料理に海のダシを使うなどもってのほか」
いつもにこにこと、いつも同じ煮しめを、生活の欠くべからざる一部として年がら年中淡々と作っていたその根底には、そんな毅然とした美しい哲学が横たわっていたのです。"

――『おいしいもので できている』（リトルモア）より一部抜粋

煮〆

材料（2人前）

A

　水　500g

　薄口醤油　30g

　みりん　30g

　ハイミー　1g

B　下記合計で500g

　筍（水煮）

　にんじん

　椎茸

　厚揚げ

　こんにゃく

［煮〆の黄金比］

ベーカーズパーセントという製パン用語があるのをご存知でしょうか？これは、粉を100とした時、その他の材料が何％に相当するかを数値化した配合比です。日々大量に仕込み、製造量を調整する必要のある製パンの現場で用いられるこの概念を使って、この煮〆の材料の割合を示すと右のようになります（粉にあたるのが具材の合計重量）。分量を変えてつくる際はぜひご利用ください。

具材の合計重量　100

水　100

薄口醤油　6

みりん　6

ハイミー　0.2

仕上がり重量　160

グルタミン酸ナトリウムを主体としてイノシン酸ナトリウムとグアニル酸ナトリウムを含む点は「味の素」と同じだが、味の素にくらべてイノシン酸とグアニル酸の割合が多いのが特徴。より丸みと奥行きのある旨味が感じられる。

ポイント

具材は食べやすい大きさに切っておく。

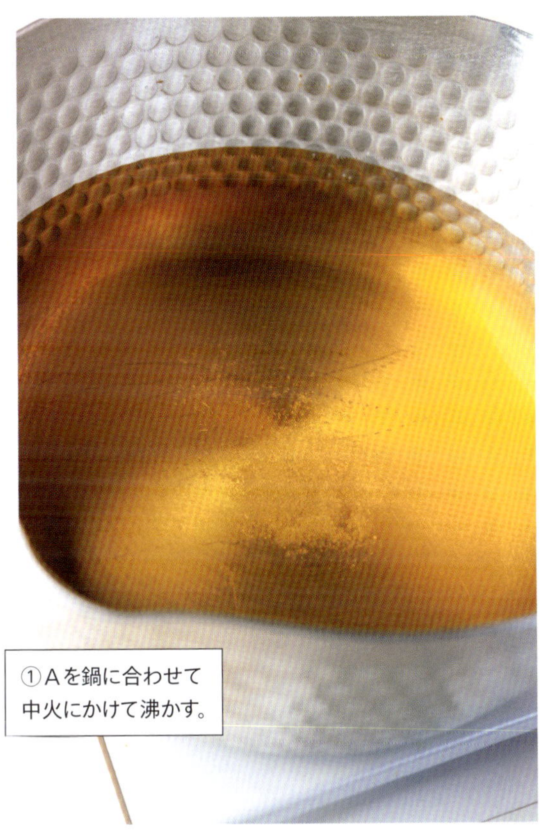

①Aを鍋に合わせて
中火にかけて沸かす。

②沸騰したらBを入れて再沸騰させる。

ポイント

蓋はしないが、煮詰まりすぎるようなら落とし蓋をする（穴を開けたクッキングシートでも良い）。

③弱火にしてコトコトと
20〜30分煮る。

④鍋中重量が800gになったら
完成。

撮影　天方晴子
アートディレクション&デザイン　藤田裕美（FUJITA LLC.）
DTPオペレーション　勝矢国弘
校正　萬歳公重
編集　井上美希、丸田祐

稲田俊輔／イナダシュンスケ

料理人、飲食店プロデューサー、文筆家。鹿児島県生まれ。京都大学卒業後、飲料メーカー勤務を経て円相フードサービスの設立に参加。居酒屋、和食店、洋食、フレンチなどさまざまなジャンルの業態開発に従事する。2011年、東京駅八重洲地下街に南インド料理店「エリックサウス」を開店。南インド料理とミールスブームの火付け役となる。

『南インド料理店総料理長が教える だいたい15分！ 本格インドカレー』『だいたい1ステップか2ステップ！ なのに本格インドカレー』（ともに弊社刊）、『人気飲食チェーンの本当のスゴさがわかる本』『飲食店の本当にスゴい人々』（ともに扶桑社新書）、『おいしいものでできている』『食いしん坊のお悩み相談』（ともにリトルモア）、『キッチンが呼んでる！』（小学館）、『個性を極めて使いこなす スパイス完全ガイド』（西東社）、『「エリックサウス」稲田俊輔のおいしい理由。インドカレーのきほん、完全レシピ』（世界文化社）、『異国の味』（集英社）、『料理人という仕事』（ちくまプリマー新書）、『現代調理道具論　おいしさ・美しさ・楽しさを最大化する』（講談社）など、著書多数。

『ミニマル料理　最小限の材料で最大のおいしさを手に入れる現代のレシピ85』（弊社刊）で第10回料理レシピ本大賞 in Japan 2023 特別部門【プロの選んだレシピ賞】受賞。

ミニマル料理「和」

最小限の材料で
最大のおいしさを手に入れる和食のニュースタンダード

初版発行　2024年12月31日
2版発行　2025年 1 月31日

著者©　稲田俊輔

発行者　丸山兼一
発行所　株式会社柴田書店
〒113-8477　東京都文京区湯島3-26-9　イヤサカビル
電話　営業部　03-5816-8282（注文・問合せ）
書籍編集部　03-5816-8260
https://www.shibatashoten.co.jp

印刷・製本　シナノ書籍印刷株式会社

ISBN 978-4-388-06389-5
Printed in Japan